周賺**10**%的

三明治投資法

掌握主力動向，買股有人替你撐

出場判斷

接近上檔壓力：大量成交區
達到10%獲利目標

籌碼集中度：5日→10～15%；
10日→10%；20日→5%

買賣家數差為負

法人中有外資與投信介入

MACD、RSI、KD
追蹤買進
個股走向

股懂券商持續買超

進場判斷

股價略高於支撐：大量成交區
計算主力進場均價
股價低於主力潛在獲利10%

推薦序

很榮幸擔任銘龍兄這本新書《周賺 10%的三明治投資法》的推薦人。這是一本適合初學者，也適合進入股市一段時間投資者研讀的書。

因為書的內容豐富，對於剛接觸股市的朋友說，可以縮短摸索時間，少走許多冤枉路。對於已接觸股市一段時間的朋友來說，銘龍兄的「三明治投資法」，可以幫助投資朋友提升實務操作的功力，面對即將進入升息循環的資本市場，這是極重要的基本功。

我與銘龍兄認識多年，銘龍兄從第一線的經紀業務出身，對於市場的脈動相當敏銳，而且深知投資朋友在股票投資上可能會面臨的問題，堪稱台灣的「相場師朗」（編按：日本股神）。

祝福銘龍這一本新書大賣，以及學習到其中精髓的投資朋友大賺。

仲英財富投資長　陳唯泰

作者序

　　由於筆者熱愛投資，從 2006 年正式踏入股市，投身證券期貨業，從基礎營業員開始打底。歷經 2008 年因次級房貸引發的金融海嘯、2012 年因歐債爆發的金融危機、2015 年因新興市場貨幣競貶頻傳黑天鵝事件，體會到股市的循環越來越難以掌握，看著客戶在股海中浮沉，始終累積不了獲利，而且自己也曾經慘賠，一度差點被抬出場。

　　一開始筆者是基於想幫助客戶的理念，認真學習、鑽研不同的操作策略，所以很早就接觸到「籌碼」的觀念，跳脫不同以往的角度，以更客觀與科學的方法做好規劃，在遇到不同狀況時可即時判斷。同時也實際投資驗證每種策略該如何調整，並非紙上談兵，而是真正可行的方法。

　　經過多年後，筆者體悟到投資的獲利並不是一路向上累積，而是追求大賺小賠的正向期望值，獲利是層層堆疊出來的，不同時期都有不同的獲利報酬，有時是賺少賠多，有時是賺多賠少，有時是能大賺一波。

　　所以筆者歸納出「三明治投資法」，讓更多投資人認清投資並不是創造神話，或是追求內線，每次都獲得 100%、200%

的報酬。而是透過分析「籌碼」，搭配支撐壓力，順利搭上主力順風車，分段追求獲利，積少成多，讓自己穩定地累積財富。而且策略中還分享如何避開人性的弱點，沒有過多的模糊地帶而猶豫不決，讓自己守紀律長期操作，用投資獲利改善薪資無法成長的困境。

目錄

第 4 章　少走冤枉路的操作心法

PART 1

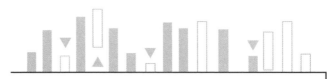

每周穩定賺 10% 的操作法

2020 年，Covid-19 疫情爆發，衝擊全球，使得台股加權指數暴跌，從年初的高點 12,167 點，最低跌到 8,523 點，跌幅約過 30%，市場上人數最多的散戶投資人，都經歷了一場大盤暴跌暴漲的洗禮。

雖然股神巴菲特說過這句話：「別人恐懼時我貪婪，別人貪婪時我恐懼」，但在投資市場中，大家都聽膩了，也都知道這個道理，但是書前（輸錢）的投資人請捫心自問，每個人真的都可以做到這一點嗎？如果不巧在高點買入，手上持股股價一路迅速下跌，那種沉重的心理壓力，投資人真的可以承受得了嗎？或許仔細評估過後，自己持有的股票確實是營收、獲利

等基本面都很不錯，但受到國際疫情影響，好公司股價跌慘了。此時的你，真的能跟巴菲特一樣，敢進場持續買入落難的好公司嗎？

　　筆者寫作的此時是 2021 年，台股加權指數日創新高，在 2017 年以前，市場普遍認為 9,000 點就是台股的天花板，常常都講台股加權指數的目標是萬點，6,000～7,000 點就是買入的相對低點。然而時至今日卻已不是如此，指數的表現常常超出想像，比如在大盤 12,000 點時，就有新聞報導台股已經到了高點即將反轉，13,000 點時也是，14,000 點時也說關卡新高，到了 15,000 點之後，仍然是每逢一個千點關卡就再提一次，「小心金融風暴、注意做頭危機！」

　　散戶看到這種新聞就會縮手，被自身的歷史經驗綁架，結果在 2021 年，台股一路衝上 18,000 多點，如果你還以舊時代的認知操作股票，絕對少了很多獲利機會。台股加權指數 2020 與 2021 年均上漲超過 20%，只是廣大的散戶，這兩年有多少人的報酬率達到 20% 呢？

獲利模式可複製，每周穩賺 10%

筆者要透過本書，教投資人一套「三明治操作法」——用一周的時間賺到 10% 報酬率。我對每一檔股票的操作報酬率目標是 10%～15%，看起來好像不多，但我已覺得滿意，因為只要長期保持每周都能有這樣的獲利，加起來將是很可觀的數字。而這套三明治操作法，有沒有機會賺到更多？

事實上，從過去的實戰統計數字證明，三明治操作法是很有機會讓周報酬率超過 10% 的。但你若是剛開始學投資，就要先理解，要想擴大期望報酬率，就要有所依據，而不是幻想股價漲了 10%，就應該有機會漲 20%，一旦漲了 20%，就應該漲 30%。且讓我們問問自己，股價上漲的原因是什麼？當找不到證據與原因，就只是認為它「應該」要漲、「應該」會漲，這樣的理由就太薄弱。

本書將教會投資人，只要專心追求穩定的 10% 報酬，以每周 10% 的獲利滾動，依此換算成年報酬率，肯定是非常迷人的成果。讀過此書後，你將能夠以一招「三明治操作法」闖台股，可以複製獲利模式，養成周末選股，下周進場的習慣。

表 1-1　2001 至 2020 年大盤加權指數與加權股價報酬指數

年度	大盤加權指數				加權股價報酬指數			
	開盤	收盤	漲跌點	漲跌幅(%)	開盤	收盤	漲跌點	漲跌幅(%)
2020	12026.5	14732.53	2735.39	22.8	22566.08	28441.36	5875.28	26.03%
2019	9725.27	11997.14	2269.73	23.3	17045.33	22373.66	5328.33	31.25%
2018	10664.82	9727.41	-915.45	-8.6	18351.03	17354.55	996.48	-5.43%
2017	9252.56	10642.86	1389.36	15	15288.17	18234.75	2946.58	19.27%
2016	8315.79	9253.5	915.44	11	12844.34	15256.22	2412.32	18.78%
2015	9292.31	8338.06	-969.2	-10.4	14121.92	13198.59	923.33	6.53%
2014	8618.6	9307.26	695.75	8.1	12724.76	14172.40	1447.64	11.37%
2013	7738.05	8611.51	912.01	11.8	11164.55	12723.35	1558.8	13.96%
2012	7071.35	7699.5	627.42	8.9	9618.11	11050.13	1432.02	14.88%
2011	9039.63	7072.08	-1900.42	-21.2	11998.76	9783.94	2214.82	18.45%
2010	8222.42	8972.5	784.39	9.6	10528.26	11928.56	1400.3	13.3%
2009	4725.26	8188.11	3596.89	78.3	5862.14	10502.93	4640.79	79.16%
2008	8491.57	4591.22	-3915.06	-46	9845.42	5728.51	4116.91	41.81%
2007	7871.41	8506.28	682.56	8.7	9055.41	10062.16	1006.75	10.22%
2006	6457.61	7823.72	1275.38	19.5	7092.99	8944.43	1851.44	26.1%
2005	6166.39	6548.34	408.65	6.7	6483.42	7187.69	704.27	10.86%
2004	5907.15	6139.69	249	4.2	6175.79	6478.80	303.01	4.9%
2003	4460.57	5890.69	1438.24	32.3	4524.92	6021.57	1496.65	33.07%
2002	5575.34	4452.45	-1098.79	-19.8				
2001	4717.49	5551.24	812.15	17.1				

資料來源：作者整理

10% 什麼是三明治操作法?

為什麼這套選股操作策略要取名為三明治操作法呢?

因為股票操作並不能一步到位,很多人一定會期望自己的投資報酬率可以到 60%、100%,甚至是 200%、300%,但一次買賣就產生這麼高的報酬並不常見,畢竟超額報酬需要天時、地利、人和,才能讓股價衝上天。

根據過去的股市操盤經驗,投資獲利是被擠壓出來的,我們可以運用支撐點跟壓力點之間擠壓,股價一定要先在支撐上面,才會去挑戰更上面的壓力;或是跌破壓力後,才會去回測下方的支撐,這是不變的道理。

所以筆者將這擠壓的模式比喻成三明治,因為三明治就是一層一層堆疊在一起,運用這模式,每周都有進場機會,且都有至少 10%的報酬,而這目標並不難達成。首先,我們追蹤籌碼,來觀察有沒有機會搭到主力順風車,畢竟股價是用錢堆疊出來的。

如果今天有人提早布局，大量買進某一檔股票，散戶一定不可能提前知道，所以就必須研究籌碼足跡脈絡。透過數據工具的揭露，就能看出其中主力布局的動作，假如透過三明治操作法的標準步驟確認，整個研究就完整了。依此邏輯背景選股，就能篩選值得投入的股票。

接下來，筆者把整套三明治操作法的步驟清楚列示出來。概念上，需要掌握以下重點：

用期權確認多空

觀察大盤的走勢，決定操作方向。

用籌碼選股

找到主力偏好、法人進場且散戶退場的股票。

用支撐壓力決定買賣

用支撐線決定買點：在有支撐的價位買進，提升你的勝率。

用壓力線決定賣點：無法突破壓力線就賣出，用技術指標進一步確認。

停損點：當跌破支撐 1%就要停損。

10% 三明治操作的流程

以下展開三明治操作實戰流程：

用期權確認多空

透過對期權籌碼的追蹤、判斷短期台股的多空變化。藉此調整自己的個股操作，當大盤轉弱的情況下，個股進場不可重押，必須分批進場；甚至退場觀望，不持有股票也是一種策略。當大盤有逐漸轉強的跡象，可以投入較多金額去搭個股主力的順風車。

用籌碼選股

以下 4 個籌碼追蹤條件，可以協助你找到有潛力的個股，並決定進場時機。

1、找出主力買、散戶賣清單。

2、買超主力中最好有外資或投信。

3、股懂（註）券商買超（最好有區域性的地方券商）。

4、券資比逐漸走高有軋空機會。

（註）操作某股票勝率特別高的主力大戶。某些操盤軟體系統商稱之為高手券商、高勝率券商。

用支撐壓力決定買賣

找到合乎買進條件的個股，接下來要決定進場的價位。而價位的判定標準為何？原則是在支撐線之上，如此，買進之後，下跌的機會就低。支撐的判斷，也同樣利用籌碼工具。

1、判斷股價站穩大量累積支撐。

2、股價站上融資成本線。

3、主力買超均價與市價差距小於 10%。

進場後可以用技術分析接棒觀察，符合以下條件，可以續抱，如果條件轉為空方，可以減碼。

1、MACD 多方趨勢。

2、K 大於 D 值。

3、RSI 大於 50 以上多方動能。

出場時機

獲利目標滿足，或壓力無法突破則出場。

1、達到報酬 10%以上分批獲利。

2、上方出現大量累積壓力與跌破融資成本，則全數出
   場。

本書將環繞這個主題跟大家細部說明。

即使三明治操作法沒有特別提到基本面的篩選原則，是因為台股個股這麼多，好公司也非常多，投資人應該先選出 100 到 200 檔基本面不錯的個股觀察清單，再從其中找出符合三明治操作法的個股。建議股市新手可以從元大台灣 50（0050）與元大台灣中型 100 基金（0051）成分股中，台股市值最大的前 150 檔著手。

以下用騰輝電子（6672）為例說明三明治操作法：

觀察 2021 年 5 月 28 日當天資料，騰輝電子出現了主力買、散戶賣的數據，然後進一步檢查，股懂券商也是買超的，其中有凱基台北跟富邦仁愛等常聽到的主力進出券商，還有一些熟悉的外資券商，能夠同時有外資跟這些常見的大主力進出券商買進，會讓人安心許多。

圖 1-2-1 騰輝電子的股懂券商買賣超

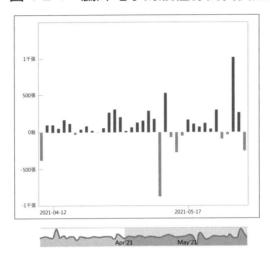

資料來源：豹投資Pro

圖 1-2-2 騰輝電子的股懂券商分點

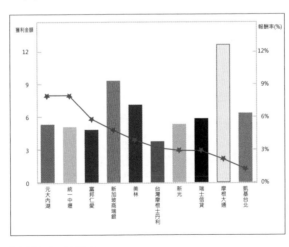

資料來源：豹投資Pro

確認選股符合這樣的基本條件之後，必須從研究日期往前回推，了解主力何時買進。這個回推日期，需要一點經驗判斷，基本上可以先從主力買、散戶賣的期間推敲，在這個的範例中，主力是在 2021 年 4 月 27 日開始買進，還能看出摩根大通、摩根士丹利、新加坡瑞銀、瑞士信貸、富邦仁愛等買進均價在 94 到 100 多元。而在我們發現的時間點在 5 月底，股價距離這段成本並不遠，只要知道自己的成本，也就是最新股價與主力之前買進的成本，落差在 10%以內，（股價不高於 104 ～110 元），買進都還安全，主力不會馬上出場。

圖 1-2-3　4/27～5/28 騰輝電子的主力買超張數與均價

騰輝電子-KY 券商買超統計 ❓ 　🕐 2021-04-27 ～ 2021-05-28

券商名稱	買超金額(百萬)	買超張數	買進均價
摩根大通	70.72	747	94.19
台灣摩根士丹利	66.76	663	97.11
新加坡商瑞銀	64.93	699	92.6
瑞士信貸	61.17	608	94.61
富邦仁愛	60.43	595	100.53
美林	41.89	442	95.41

資料來源：豹投資 pro

接著確認這段期間，投信跟外資是否有持續買進，以及是否有沿著融資成本線向上。只要是肯定的，那就可以納入選股清單。

如何決定買點？

　　選好股票，在隔天早盤 9 點 30 分前進場，掛買的價格以不超過前一天收盤價 3%，以及不超過近期主力買超均價的 10%為限，避免追高的風險。如果資金部位較大的話，也可以選擇分批進場，一半於早盤進場，另一半則於尾盤下午 1 點再補齊。

　　買進之後，用技術分析觀察，只要 MACD 一直向上，保持紅柱，維持多方動能，KD 也是向上，RSI 大於 50 的情況，這樣就可以續抱，持續觀察。

如何決定賣點？

　　買進後持續觀察技術分析指標是否出現由紅轉綠的現象，如果幾個大指標只出現微幅轉空，不一定要馬上賣出，可以繼續觀察，直到幾個重要的技術指標都變弱了，就可以賣出了。

建議讀者在開始三明治操作法之前，就先有基本面不錯的自選股清單，這可以利用平常時間蒐集，這是確保選股精準度的一個好方法，不可道聽途說，從自己的自選股當中，開始操作三明治操作法，會是比較好的。

10% 為何每周交易對投資人有利？

研究股價的三個面向就是基本面、籌碼面、技術面，過去很多投資達人都是研究技術面起家的，從圖形與指標開始學習，不需要太多產業與財經知識。然而技術面操作很容易出現追高殺低的情況，會追到假突破、殺在假跌破，長期下來可能沒賺到錢，反而虧了許多錢。

當技術分析投資者有了這樣慘痛的經驗，就有人開始轉向研究基本面。研究基本面最重要的就是看財報營運數字，只可惜財報屬於落後指標，股價買的是未來趨勢，未來會產生什麼

變化，實在沒辦法先知道，所以就算這檔股票過去的獲利很好、經營績效很亮眼，不代表這家公司未來會有與過去相同的成長率。公司隨時可能會因為各種產業更迭或公司的意外變化，產生了急遽調整，而從價值投資出發的投資者，無人能提前知曉。

如同 2021 年半導體產業公司的業績都非常好，但投資人有辦法確定兩、三年後，這些公司全都可以維持這個榮景嗎？有可能出現強勁的對手，瓜分了整個半導體產業的訂單。用基本面的分析方法，讓很多投資人想長期持有好公司的股票，希望可以追求 20%～50%不等的報酬率，但好公司的衡量標準很不容易拿捏，考驗投資人的運氣，而不是判斷力。

一家營收好的公司表示未來有成長性，但每個月10日公布的上個月營收，絕對有人比你早知道公司發生什麼事情，在這種資訊不對稱的情況下，就有可能產生所謂的內線交易，知道第一手資訊的人，勢必會透過各種方法提前布局。這些人在市場上進行買進或賣出的交易動作，就會留下籌碼面的訊息。

籌碼面有一個重要的資料來源，就是盤後券商分點資料，每個交易人在各自券商買賣時，都會留下紀錄，包括了買什麼股票、買多少張，這些資訊都會清清楚楚記錄在盤後資訊中，這就是籌碼面的資料。

籌碼反映基本面與技術面，成為有效的綜合指標

籌碼面可以用來輔助基本面，如果你發現了一家非常好的公司，需要長期持有時，必須知道你目前是跟誰站在一起，到底是跟法人還是大戶，只有跟他們站在同一邊，勝算才會大。法人與大戶認同這檔股票價值，先壓低股價，開始吃貨吸收籌碼，研究基本面的投資人只要耐心等待，就有機會換取上漲空間。很多時候投資人必須要有耐心，要等到有大量買進這家公司股票的特定人出現，代表有主力跟你一樣看好這家公司的未來，表示未來有極大成長性，這樣你才能抱得穩、抱得久。

只要有人比你早知道這檔股票未來有利多，就會產生籌碼面的布局，所以投資人在短線操作上，就是等待籌碼面已經慢慢反映的個股，而不是以基本面支撐長期等待。因為股價會上漲，不外就是有人投入大量資金，所以只要等待主力低檔布

局，而且公司營收獲利也不錯，你跟著介入布局，很快就有機
會獲利。

PART 2

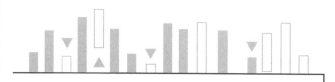

「三明治投資法」
操作完全解析

　　第一章大致說了三明治投資法的流程，以下將詳細示範實際的操作方法，特別是各步驟有關資料取得及運用。

10% 用期貨及選擇權 確認大盤多空方向

　　投資人可以利用期貨及選擇權籌碼來判斷大盤指標，所謂期權籌碼就是期貨加選擇權的籌碼。為什麼要看期權籌碼呢？原因很簡單，因為期權是大盤方向的先行指標。

假使法人預計要大量買進台股，在還沒有買之前，因為法人知道自己打算布局，那未來台股指數必然會往上漲。那在未來指數將上漲的情況下，不可能馬上進行現貨布局，他們會在相對低檔時，先布局期貨與選擇權，等到布局完成後，法人才會真正砸錢進去台股，讓大盤指數上漲。等到指數上漲達到他們設定的目標後，就會先將手中期貨與選擇權的多頭部位獲利了結，再來反手做空，因為他們接下來要大賣股票了，指數必定會回跌。

期貨、選擇權資訊從何處取得？

　　期貨方面，可以至期貨交所的網站，依序追蹤以下欄位：交易資訊→三大法人區→各期貨契約→依日期。追蹤外資期貨留倉部位。

　　選擇權方面，同樣在期交所網站，交易資訊→三大法人→選擇權買賣分計→依日期，追蹤外資選擇權的操作布局。

選擇權分為買權（Call）與賣權（Put）兩大商品，以及買方（Buy）、賣方（Sell）兩大操作方向。兩種商品 × 兩大操作方向就延伸出四大基礎策略，分別是：

買買權（Buy Call）→看漲

買賣權（Buy Put）→看跌

賣買權（Sell Call）→看不漲

賣賣權（Sell Put）→看不跌

若以短周期操作而言，期貨觀察重點並非期貨留倉偏空或是偏多，而是增減的變化。

當期貨留倉偏空部位從三萬口降低少於到一萬五千口時，代表空方力道下滑，也可看成短線是有利於多方的發展。若金額越大，越有利於多方發展。

更重要的參考部位不是期貨，而是選擇權。因為選擇權的策略複雜，加上留倉口數遠大於期貨，且一般投資人也不懂選擇權的情況下，更適合法人在其中上下其手、大肆布局。

圖 2-1-1　外資期貨、選擇權多空布局，對市場有重大影響

期貨契約

單位：口數；千元(含鉅額交易，含標的證券為國外成分證券ETFs或境外指數ETFs之交易量)　　日期2021/11/09

序號	商品名稱	身份別	交易口數與契約金額						未平倉餘額					
			多方		空方		多空淨額		多方		空方		多空淨額	
			口數	契約金額	口數	契約金額	口數	契約金額	口數	契約金額	口數	契約金額	口數	契約金額
1	臺股期貨	自營商	8,323	29,176,535	9,177	32,174,904	-854	-2,998,369	20,617	72,262,608	4,158	14,548,939	16,459	57,713,669
		投信	363	1,274,127	93	326,431	270	947,696	12,714	44,628,683	15,162	53,221,652	-2,448	-8,592,969
		外資	42,252	148,159,763	40,123	140,688,580	2,129	7,471,183	25,784	90,482,241	39,366	138,089,558	-13,582	-47,607,317

選擇權買賣權分計

單位：口數；千元(含鉅額交易，含標的證券為國外成分證券ETFs或境外指數ETFs之交易量)　　日期2021/11/09

序號	商品名稱	權別	身份別	交易口數與契約金額						未平倉餘額					
				買方		賣方		買賣差額		買方		賣方		買賣差額	
				口數	契約金額	口數	契約金額	口數	契約金額	口數	契約金額	口數	契約金額	口數	契約金額
1	臺指選擇權	買權	自營商	126,148	407,792	124,263	358,769	1,885	49,023	69,226	617,693	68,340	557,085	886	60,608
			投信	0	0	0	0	0	0	0	0	0	0	0	0
			外資	82,462	315,868	77,460	317,100	5,002	-1,232	38,609	451,033	29,067	467,834	9,542	-16,801
		賣權	自營商	115,208	198,219	130,732	209,594	-15,524	-11,375	57,362	97,835	74,955	119,644	-17,593	-21,809
			投信	3	1	2	3	1	-2	0	0	60	41	-60	-41
			外資	58,078	168,007	55,814	169,991	2,264	-1,984	70,793	224,258	45,471	168,298	25,322	55,960

資料來源：中華民國期貨交易所

　　選擇權觀察重點不是口數，而是契約金額變化。當買權是多方口數，但契約金額是負數時，就不能視為買買權（Buy Call）的看漲策略，應該視為賣買權（Sell Call）的看不漲策略。如此一來，可推估隔日大盤雖偏多，但向上攻擊企圖不強，指數可能維持在高檔震盪，不容易再創新高。

舉 2021 年 11 月 9 日的期權籌碼與大盤走勢案例（圖 2-1-1），期貨留倉空單 13,582 口，但相較於前一日則減少 3,873 口空單。選擇權留倉是買權留倉買進 9,542 口，但契約金額卻是負 16,801（千元），金額是負數的，應該視為賣買權（Sell Call）的看不漲策略，所以隔日 11 月 10 日大盤雖上漲做收，但僅小漲 18 點。

10% 籌碼分析的基本原理

圖 2-2-1　三明治操作重點：先籌碼分析，再技術分析

資料來源：作者整理

　　投資人應以籌碼做為進場與選股的標準，技術分析是輔

助。以下說明 4 個重要籌碼資訊，其中前三者特別重要。

1、籌碼主力買、散戶賣。

2、法人中有外資或投信買入。

3、主力買超均價與市價差距小於 10%，避免追高。

4、要確認股價站穩支撐，這個支撐可以先用價量累計圖
　　（後面有詳細解說），找出最少 6 個月內的大量累積
　　價位，股價站上大量價位之上，就視為有支撐。

觀察籌碼變化，判斷新聞正確性

台股市場屬於「淺碟」型，散戶投資人較多，能影響股價
的人比較少，如果有大量資金流動時，就會對股價造成劇烈影
響，因此政府為了監督，才會公布籌碼資訊讓投資人參考。

台灣投資人最常使用技術面的操作手法追高殺低，看著股
價高高低低追來殺去。事實上操作狀況並不理想，所以有些人
轉而研究基本面。但基本分析的困難在於，第一，投資組合的
持有時間相對較長，投資時間拉長，變數就多，只要出現幾個
變化，就會擊潰投資人抱股的信心，因為你不曉得堅持抱股，
最後股價是不是真的可以如你所願往上走，所以也會導致很多
投資人錯過機會。俗話說：「新手看價，老手看量，高手看籌

碼」，要成為高手之前，必須會看籌碼分析。為什麼非要用籌碼為出發點呢？

就是因為資訊不對稱，資訊不對稱會造成散戶極大的劣勢，例如散戶在看財經新聞的時候，會看到很多產業消息、個股財務狀況等報導，缺乏經驗的散戶投資人會覺得很難判斷，而本書會教你如何用籌碼解讀這些訊息。

一般投資人再怎麼研究公司基本面，一定有人比你更早知道公司發生什麼事情，這些知道的人，一定會提前先進場布局。萬一有利空，未來發展可能沒有如預期的這麼好，提前得知的股東，也一定會率先將手上的股票出脫。

所以，當投資人得到消息的時候，消息本身可能是真的，但這個消息對股價表現到底是利多出盡，還是利空出盡呢？這時會讓很多散戶投資人非常煩惱，不過不用擔心，只要回去檢視個股的籌碼狀況，假如有利多，事發之前一定有人會率先布局，雖然當時並不知道是什麼原因造成籌碼異動，但隨著籌碼分布一路變好，就可以理解了。

可是當有利空消息的時候，你也不要感覺股價未來的發展可能不好，就看空它，搞不好早知道消息的人已經率先賣光了，那賣無可賣的時候，有沒有可能產生所謂的價值型投資？這是有可能的，因為有時候利空是短暫的，甚至循環的，我們就觀察這些消息出來後籌碼的狀況，確保操作不會被這些消息誤導。

籌碼追蹤的 4 大重點

重點 1：市場籌碼》追蹤個股買賣力道

審思籌碼分析的要義，第一步就是理解大戶與散戶的行為與獲利狀態非常不同。擅長籌碼分析的投資人，都是研究大戶行為，尋求類似做法以獲得利潤，避免散戶操作模式，並且盡量讓散戶扮演誤接出貨或拋出籌碼的角色。

台灣證交所與櫃買中心都會公布各券商分點的買賣紀錄，透過這項資料可以了解市場籌碼的流向，這樣一來就有機會搭到主力的順風車。目前全台灣有 900 多家券商分點，只要在台股下單的投資人都必須經過證交所下單，不管是買哪間公司、買進的價格是多少、成交數量又是多少股、在哪一間券商總公

司分公司下單？這些資料都是很有意義的。

籌碼資料是從券商證券日報表查詢系統而來，內容包括上市股票及上櫃股票。

圖 2-2-2　上市股票買賣日報表查詢系統

台灣證券交易所：https：//bsr.twse.com.tw/bshtm/

資料日期:2019/05/24

歡迎使用

買賣日報表查詢系統

- 本系統僅提供集中市場當日交易資料
- 一般、零股交易報表產製時間:每交易日下午4時
- 鉅額交易報表產製時間:每交易日下午5時30分
- 簡易使用說明:使用說明
- 《重要提醒公告》本系統自103年12月1日起調整查詢方式, 查詢每一檔證券前均輸入驗證碼
- 《重要提醒公告》鑑於資通安全考量，本網站將於108年5月31日起僅支援使用HTTPS連線，請將網址修改為 https://bsr.twse.com.tw，並修改我的最愛中的網址。

交易日期	2021/09/07					股票代號	2609 陽明		
成交筆數	93,210		成交金額	25,639,846,135		成交股數	213,772,501		
開盤價	117.00		最高價	123.50	最低價	116.00		收盤價	120.50

序	證券商	成交單價	買進股數	賣出股數	序	證券商	成交單價	買進股數	賣出股數
1	1020 合　庫	116.50	4,360	12,000	2	1020	117.00	2,000	95,000
3	1020	117.50	4,000	7,000	4	1020	118.00	6,000	14,000
5	1020	118.50	10,000	9,000	6	1020	119.00	9,000	30,000
7	1020	119.50	18,000	15,000	8	1020	120.00	52,200	14,200
9	1020	120.50	88,750	24,350	10	1020	121.00	13,000	23,050
11	1020	121.50	7,000	10,400	12	1020	122.00	5,000	15,100
13	1020	122.50	22,000	9,000	14	1020	123.00	5,000	0
15	1020	123.50	0	1,000	16	1021 合庫台中	116.50	0	3,000
17	1021	117.00	4,000	11,000	18	1021	117.50	22,000	30,350
19	1021	118.00	22,000	23,000	20	1021	118.50	112,000	2,000
21	1021	119.00	78,150	15,000	22	1021	119.50	29,000	150,000
23	1021	120.00	39,000	18,550	24	1021	120.50	8,000	105,000
25	1021	121.00	39,700	37,100	26	1021	121.50	2,500	0
27	1021	122.00	7,950	15,100	28	1021	122.50	4,000	1,000
29	1021	123.00	0	1,000	30	1022 合庫台南	116.50	3,000	0
31	1022	117.00	2,000	1,000	32	1022	117.50	4,000	7,000
33	1022	118.00	5,000	5,000	34	1022	118.50	1,000	2,000
35	1022	119.00	0	4,000	36	1022	119.50	1,000	2,000
37	1022	120.00	2,100	6,000	38	1022	120.50	8,000	3,000
39	1022	121.00	5,000	7,000	40	1022	121.50	5,000	3,000
41	1022	122.00	1,000	2,000	42	1022	122.50	0	2,000

資料來源：台灣證券交易所

圖 2-2-3　上櫃股票買賣日報表查詢系統

證券櫃檯買賣中心：https：//www.tpex.org.tw/web/stock/aftertrading/broker_trading/brokerBS.php

⊗ 券商買賣證券日報表查詢系統（一般交易）

✓ 我不是機器人　　reCAPTCHA 隱私權 - 條款　　請輸入股票代碼　　查詢

- 此資料不得逕自散布或販售，並請詳閱使用條款
- 本系統僅提供上櫃證券當日交易資料
- 請輸入正確代碼進行查詢
- 每交易日下午4時提供最新券商買賣股票資訊
- 《重要提醒公告》本系統自103年12月1日起調整查詢方式, 查詢及下載每一檔證券前得驗證非機器人程式

交易日期		110年09月07日			證券代號		3141 晶宏		
成交筆數	11,232	成交金額		3,024,211,320 元	成交股數		17,846,436	週轉率(%)	24.04
開盤價	181.50	最高價		183.00	最低價		162.00	收盤價	162.00
序號	券商	價格	買進股數	賣出股數	序號	券商	價格	買進股數	賣出股數
1	1020 合庫	162.00	2,100	100	51	1029 合庫岡山	162.00	1,000	0
2	1020	165.00	1,000	0	52	1029	164.00	0	2,000
3	1020	166.00	1,000	0	53	1029	164.50	0	2,000
4	1020	166.50	1,000	0	54	1029	165.50	1,000	0
5	1020	167.00	1,000	0	55	1029	166.50	1,000	0
6	1020	170.50	1,000	0	56	1029	168.00	2,000	0
7	1020	173.00	0	1,000	57	1029	170.00	0	1,000
8	1020	175.50	2,000	0	58	1029	171.00	1,000	0
9	1020	176.00	1,000	0	59	1029	173.00	1,000	0
10	1020	177.00	200	0	60	1029	174.00	1,000	0
11	1020	181.50	2,000	0	61	1029	179.00	0	1,000
12	1020	182.50	1,000	0	62	102A 合庫新竹	162.00	5,000	0
13	1021 合庫台中	162.00	10,000	0	63	102A	166.00	1,000	0
14	1021	163.00	0	200	64	102A	167.00	1,000	0
15	1021	165.00	0	5,000	65	102A	167.50	1,000	0
16	1021	166.00	0	11,000	66	102A	170.00	0	1,000
17	1021	166.50	0	4,000	67	102A	172.50	0	5,000

資料來源：證券櫃檯買賣中心

透過籌碼找出主力與散戶的動向，就是透過主力大量且集中、散戶小量且分散的特色，從追蹤券商分點資料而來。

舉例來說，今天某一檔個股有一個人買了 5,000 張，那這單量就相對較大了，那他可能會集中在某一個券商操作，就算分散下單，也不太會超過 5 家。今天如果有兩個大戶各買 5,000 張，他們分別在兩家以上、不滿 10 家的券商下單，總計就買了一萬張。

市場上的股票交易就是有人買才有人賣，才會成交，所以買了一萬張代表有其他人賣了一萬張出來。假如今天許多散戶手上都有 20 張這檔股票，那要賣到一萬張的量，就要有 500 位散戶賣出手上持股；但是呈現在分點數據上，這 500 位散戶有可能都集中在同一家券商分點一起賣出嗎？不可能，因為散戶一定是散落在不同分點。如果這 500 個散戶都是不同的券商分點，散戶釋出的這一萬張股票，就會透過這 500 家分點賣出，買進這一萬張的，就是兩位大戶所在的分點。

這就是券商分點籌碼分析的基礎，透過籌碼集中度的計算，估計這些買賣單來自什麼類型的投資人。

之後就要統計前十大買得多跟前十大賣得多的人，累計完買的人跟賣的人後，就要進一步看差額，所以當看到買超累積前十大總數大於賣超前十大總數時，就會呈現主力買超。反之，當看到賣超累積前十大總數大於買超累積前十大總數時，就會呈現主力賣超。所以要先觀察這檔個股的籌碼是買盤比較多，還是賣盤比較多，如果投資人想要做多，那當然希望買盤比較多，這樣才有資金流進，推升股價。

　　一般券商的下單系統同樣有提供券商分點資料（如下圖），但僅有券商分點的買賣超張數。

圖 2-2-4　券商分點買賣超張數

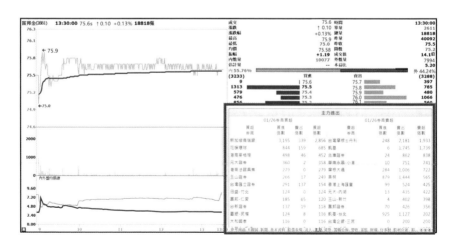

但是透過豹投資 Pro 的整理後，有更完整的買賣超均價，以及完整的主力買賣超與散戶買賣超的紀錄資料（如下圖）。

圖 2-2-5　主力與散戶買賣超完整資料

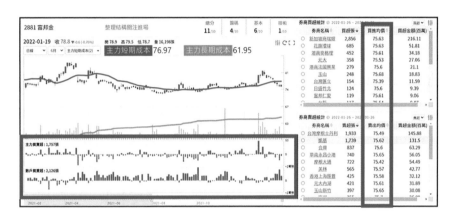

看一下範例，豹投資市場籌碼裡有一個籌碼分析（網址：https：//www.above.tw/stock/AbovePro/%E7%B1%8C%E7%A2%BC%E6%99%BA%E5%8C%AFK，免費試用，詳見書末說明），裡面有主力買賣超以及散戶的買賣超。

重點 2：散戶動向》跟散戶對著做比較好

綜觀全市場，不能只追蹤主力籌碼的動向，台股的特色是散戶多，所以也不能忘記追蹤散戶的動向。散戶的籌碼又該如

何追蹤呢？當然不可能去市場上逐一訪問散戶說：「你今天買了什麼股票？」一樣可以透過券商分點加上軟體工具做出合理的判斷。

請讀者們想一想，當籌碼從多數人手中流到少數人手中的時候，就可以視為散戶在賣股票，一樣是透過觀察券商的買賣差額。如果券商買的差額是比較大的，代表是散戶在買，如果說賣得比較大，代表是從大量的券商集中到少數券商，就視為散戶在賣股票。

市場上都知道一個定律，就是跟著散戶反著做，獲利機率才會比較大，所以除了觀察市場籌碼有沒有集中到主力手上，也要觀察散戶有沒有介入，如果籌碼有集中到主力手上，況且散戶沒有介入，表示籌碼不紊亂，這檔個股的走勢表現有機會比較積極。

圖 2-2-6　台積電籌碼狀態：主力買賣超 vs.散戶買賣超

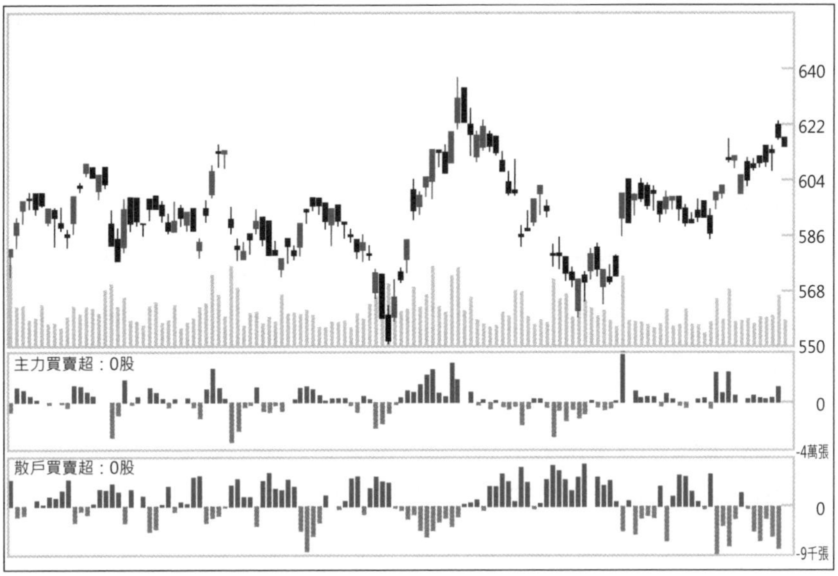

資料來源：豹投資 Pro

註：主力買賣超、散戶買賣超旁數字為當日的資料，所以籌碼分析時要用多日累積的資料。

重點 3：法人布局》追蹤外資與投信較穩定

上面提到主力買進、散戶賣出是股價走高的象徵。那主力又是誰？主力的定義很廣，常聽到的法人可以被定義為主力的一種。而常聽到的三大法人就是：外資、投信、自營商。

外資：

泛指台灣以外的資金，也就是外國機構投資者。從國外把

錢換成新台幣後，在台灣投資。政府的中央銀行會看緊那些人，限制他們的投資金額，把投資的錢送進來和送出國，也都需要政府同意

投信：

投資信託公司的簡稱，大眾口中的基金公司，蒐集老百姓的小錢，聚集成大錢（共同基金），幫投資人買賣交易。

自營商：

用自己公司的錢投資，不幫客戶買賣。

建議投資人追蹤外資跟投信，因為這兩個法人的操作比較有跡可循，而且比較容易搭到順風車。比較外資跟投信，筆者較偏好外資。因為外資的布局比較長期、穩定，外資的資金來源多半是退休基金、主權基金、長線的價值投資基金，這類資金不會投資風險性質大的個股，只能朝向穩定獲利的大型股投資。觀察外資吸收籌碼的情況，投資人比較知道外資長期看好的標的。

相較於外資，投信持股時間都是短暫的，因為投信基金是市場公開募集而來的，有績效的壓力。建議先藉由外資的選股標的，看出外資未來看好的個股，這些個股具有風險較低、獲利穩定的優點，再透過投信資金入場加快上漲速度。所以筆者偏好外資先買，投信再買，就是因為前面有人先布局了，後面跟隨著投信，會加快個股上漲的速度。

在追蹤個股時，發現有主力在買，要觀察是外資買還是投信買，才不會只看數據知道主力進場，就跟著進場，一定要了解背後的主力有誰，可能今天只有外資進場，投信沒進場。先前提過，外資偏向長期投資，可能持股一年以上，才會有獲利空間，散戶有辦法在一檔個股花費一年時間嗎？

重點 4：主力成本》是否追高與主力成本有關

學會籌碼分析後，接著就要學習如何看主力成本在哪裡？投資人會發現很多股票強者恆強，漲很高了還繼續漲，這時候就會有投資人疑惑該不該去追價？追高怕套牢，不買又怕後悔，一直處於猶豫不決的兩難。

筆者提醒大家，一般單獨看股價的漲幅，只會知道它以飛

快速度上漲，卻不知道現在還適不適合進場。這時候就可以搭配籌碼來看主力整體的買入均價大概多少，因為強者恆強的概念不僅限於股價漲幅而已，重點是主力的買入成本價格，有了相對位置做為比較基礎，投資人的衡量標準就會清晰許多。

觀察主力成本均價時，要先確定主力買盤是旺盛的，才有動能推升股價。為什麼主力的均價可以表現主力買盤呢？

舉例來說，當華航股價從 2021 年 10 月 28 日 16.5 元漲到 11 月 8 日的 21 元，漲幅有 27％，這時候要去看籌碼，看看是不是有大戶進場推升股價，找出大戶進場的時機點，然後藉由個股券商買賣超資料，找尋大戶買入當天推算至 11 月 8 日，看看前五大買超券商的成本價格主要落在什麼位置？發現主力買超均價都落在 19～20 元，那以 11 月 8 日收盤價 21 元來看，跟主力成本差距不遠，都還有一成的潛在獲利範圍。試想看看，11 月 8 日前五大券商買超個股的量應該不會太少，這些券商的大戶會因為這 10％ 都不到的獲利，而丟入大量資金嗎？這豈不是增加自己的風險嗎？

圖 2-2-7　華航股價走勢與籌碼

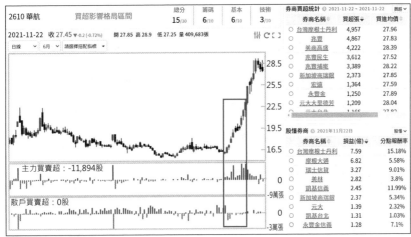

資料來源：豹投資 Pro

圖 2-2-8　華航券商買超統計（2021／10／28～11／8）

券商代號	券商名稱	買超張數	買進均價	買超金額(百萬)
8440	摩根大通	57,329	19.02	1,079.06
1470	台灣摩根士丹利	56,047	19.38	1,087.22
1440	美林	35,299	19.38	689.03
1520	瑞士信貸	30,218	19.16	564.61
9216	凱基信義	27,269	20.38	557.88
1650	新加坡商瑞銀	19,366	18.71	356.8
9800	元大	15,076	19.6	295.76
779Z	國票安和	13,640	19.97	277.51

資料來源：豹投資 Pro

大戶買這麼多張，成本價都還沒跟目前價格拉開差距的話，要怎麼出得掉，這麼大量的張數如果同時出掉，可能自己也會面臨虧損。回到正題，大戶成本落在 19～20 元，11 月 8 日收盤價在 21 元，進場算是追高嗎？好像就不是如此了，所以要不要追高不是取決於漲幅，而是要看進場的市價跟主力買超均價是否接近。如果很接近，何不嘗試一下，或許有機會跟到主力的另一波順風車，畢竟大家立足點差距不大。

主力買就一定賺錢嗎？不一定！即使是外資在買，也不見得會賺錢。投資人還是要設定停損點，前面說的主力買進均價是不能跌破的，一旦破了，主力就是賠錢的，他不見得一定要馬上再推升股價，甚至就乾脆停損了。

這時候如果投資人還是認為，主力沒有跑，要持續加碼，那你先想想，為什麼主力在賠錢時能接受放著不賣？因為主力的財力跟散戶不一樣。如果他賠錢怎麼辦？他不在乎，他可能只賠了幾百萬，可是其他的股票賺了幾千萬、甚至幾億，所以散戶跟主力的口袋深淺不一樣。主力的均價一旦被跌破了，請讀者務必要做好停損，大戶承受得起，散戶不見得承受得起，

散戶的資金有限，必須做最有效的運用。

這就是為什麼筆者會抓出 10% 的概念，進場市價一定要在主力集中買入均價漲幅的 10% 以內，如果一檔個股主力集中買入均價是 20 元，那投資人進場市價最高不可高於 22 元，因為獲利超過 10%，大戶可能獲利了結。前面說到不可以跌破主力均價，一旦跌破可能就是轉弱該出場，那 22 元買入，跌到 20 元以下要賣出，這中間最大的風險就是賠 2 元，下跌幅度為 9%。有設定停損點，那你就有了進場點，這是投資很重要的一門學問，不要執著於單一個股，都沒設停損價格，這樣很容易把本金賠光。

再舉一個例子：

2019 年，卜峰（1215）有一段時間的上漲速度還滿快的，那來觀察一下，卜峰在 2019 年 5 月的時候，元富證券連續性大買，連續性大買之後，可以發現股價也是緩步推升。統計起來，元富證券總共買超了超過 2,600 張，要提醒的重點是：券商買進均價 55.7。這種連續性大買，對於股價未來的發展是比較好的；而且可以發現，55.7 元之後，股價就緩步推升，然後到了當周周

五的收盤，就已經達到 65 元，漲幅高達 17%。

本書前面單元也提到，如果你是追蹤籌碼來操作的話，那麼合理的報酬率應該是多少？停利點要設在哪裡？筆者從自身的經驗來看，每次跟著籌碼操作，預期報酬大概都是落在 10%～15%。讀者認為這樣的預期報酬率不容易達成嗎？就筆者的經驗來說，一點都不難，只要個股的股價跟籌碼搭配得宜，隨著盤勢往上走，要從這檔股票賺到 10%～15%，是很簡單的。以上述例子來看，元富的主力買進均價大概在 55.7 元，大概經過一周之後，收盤已經到 65 元，獲利達到 17%，已經超過筆者預期了。

圖 2-2-9　卜蜂股價走勢與券商分點資料

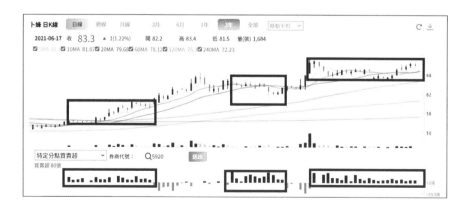

卜蜂 券商買超統計 ❓	🕐 2019-04-09 ~ 2019-05-06			⚙ C ↓
亮◈ 券商名稱◈	買超金額(百萬)◈	買超張數◈	買進均價◈
元富	150.24	2,693	55.79
瑞士信貸	47.05	850	55.82
元大	41.93	745	56.5
美商高盛	41.03	725	56.27
大和國泰	39.35	695	56.62
台灣摩根士丹利	32.86	575	57.05
國票敦北法人	24.92	438	56.85
群益金鼎海山	21.49	380	56.56

資料來源：豹投資 Pro

10% 做多的籌碼條件

　　介紹完了籌碼追蹤的重點分析後，接著就要把這些數據結合成一個有效的選股模式順序，多數人都是以做多的方式賺取報酬，以下就總結做多的籌碼條件為何：

原則 1：主力買超

主力的定義，不只是外資、投信，主力可能是市場上的大戶或是政府的資金，只要買賣得夠多，都可稱之為主力買賣超。通常占某一檔個股主要買賣超前十大比例的券商分點，背後所代表的投資人，就是近期影響該股票價格的主力。

圖 2-3-1　華航的主力買賣超

資料來源：豹投資 Pro

原則 2：散戶賣超

除了主力買超是重要基本條件，要搭配研究的是，看散戶是不是賣超，一檔股票的籌碼之中，如果散戶太多，可能造成

上漲的阻力,而且跟著散戶反著做,通常獲利機率就會提升。

圖 2-3-2　華航的散戶買賣超

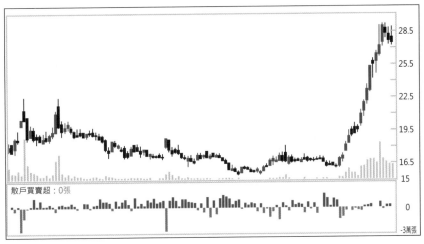

資料來源:豹投資 Pro

原則 3:外資或投信進場

　　當主力買、散戶賣都符合時,就要去細看主力是誰,上述第一點有提到,主力的潛在人選很多,但主力最好是外資跟投信,因為它們的操作手法比較容易掌握,而且法人選股有憑有據,都是研究過基本面的。

圖 2-3-3　華航的外資與投信買賣超

圖中雖然當日（11／22）外資是賣超，但往前追蹤在股價上漲時，外資則是連續多日買超。

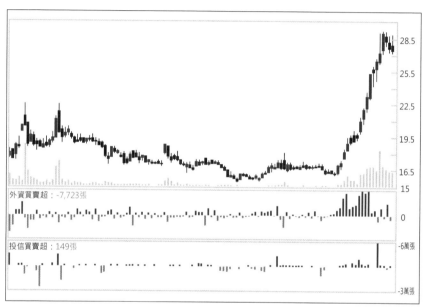

資料來源：豹投資 Pro

原則 4：進場價與主力買進均價差距小

　　上述三點都確認符合後，就可以準備進場，但務必記住，投資人進場的價位不可超過這段期間主力買超均價的 10％。如果超過 10％，主力可能會獲利了結賣出，剛好你買進，籌碼一旦移轉，整個態勢就不同了。

籌碼分析進階：股懂券商

上面已詳細介紹三明治選股法籌碼分析的四個原則，這只是三明治選股法的核心流程，還要把這些流程再詳細說明，主力買超、散戶賣超，在這段期間主力的籌碼集中度是否充足？再來，要看豹投資獨一無二的股懂券商買賣超。為什麼要看股懂券商買賣超？這個指標可以幫助投資人做精準的確認。

股懂券商是什麼？簡單來說，就是最懂操作這檔股票的專家，這些專家做其他股票不見得次次賺錢，操作這檔股票勝率卻很高，獲利率也漂亮。

股懂券商是統計個股在過去 20 天當中，哪些券商分點在這檔個股獲利最多，從每檔個股的操盤手、控盤者或最近進出比較犀利的法人來看，每檔個股對應的分點券商都不一樣，這些人都是只用單一檔個股就創造出超高報酬。這些股懂券商的背後，可能就藏著很了解這些個股的神秘大戶，提供投資人較高準確度的參考指標，研究股懂券商的買入多寡，說不定就有機會跟著他們的腳步賺錢。

圖 2-3-4 華航股懂券商買賣超

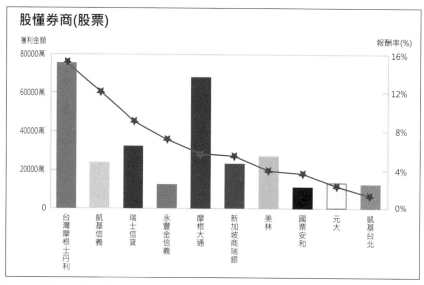

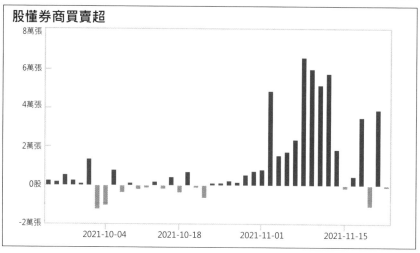

資料來源：豹投資 Pro

實際執行的 6 大步驟

步驟 1：尋找籌碼集中標的》計算籌碼集中度

前面說到要找尋籌碼面主力買超、散戶賣超的個股，才有較高勝率，除了觀察買賣超，要如何確認主力的籌碼是否慢慢集中？這就要看「籌碼集中度」這個重要指標。

籌碼集中度＝（指定時間內買超單一個股最大的前 10 大券商總量－賣超單一個股最大的前 10 大券商總量）／指定時間內的總成交量

通常會用 5 日、10 日或是 20 日的區間篩選，這幾個區間差別在哪裡呢？重點在於你習慣大概多久的操作時間，畢竟投資人去做籌碼操作的分析，多半不是想要研究很短時間的操作內容，當沖與隔日沖都不是籌碼分析主要研究標的。而三明治操作法，是大致區隔出一個禮拜的操作時間，以筆者為例，比較習慣一到兩個禮拜周轉一次，所以比較偏向於用 5 日的籌碼集中度分析。如果你是兩三個禮拜周轉一次，要用 10 日的籌碼集中度會比較合適。若是一兩個月才周轉一次的投資人，則要用 20 日的籌碼集中度來評估。

圖 2-3-5　華航 5 日籌碼集中度

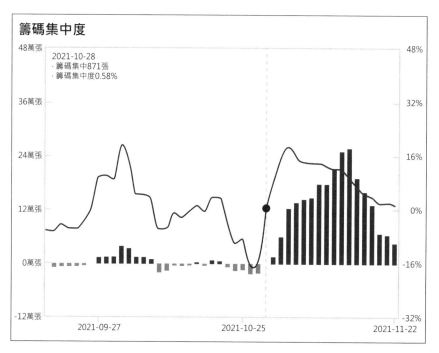

資料來源：豹投資 Pro

　　以下是分析各種籌碼集中度需要確認的比率區域，假如是5 日的籌碼集中度，則希望它有 10％～15％的集中度，10 日的話大概要有 10％，20 日的話至少要有 5％籌碼集中度。

表 2-3-1 籌碼觀察天數與籌碼集中度

籌碼集中度天數	籌碼集中度比率
5 日	10%～15%
10 日	10%
20 日	5%

資料來源：作者整理

　　籌碼集中度主要指市場整體買賣力道的拉扯，如果籌碼集中度越高，代表市場的買盤是相對集中的，既然希望做多股票，首先要找到籌碼集中、也就是市場買盤夠的股票，不要管買的對象是誰，先來看有沒有這個機會，所以可透過籌碼集中度對照表去挑出個股。

　　選出來操作的股票，每天至少要有 1,000 張的成交量，每天有 1,000 張的話，5 天就有 5,000 張的量，籌碼集中度要10%～15%，那就用最寬的條件 10%，如果用太嚴謹的條件，可能會錯失掉一些不錯的股票。

步驟 2：觀察散戶動向》計算買賣家數差

　　散戶動向如何追蹤呢？之前有提到可透過買賣家數差追蹤，全台灣大概有 900 家券商分點，買的部分是不是都集中在

少量的券商分點，賣的部分是不是從大量券商分點拋售出來的。如果買賣家數差是負數，用比較白話來說，代表散戶在賣股票，籌碼已經被釋放出來了。如果籌碼集中度是集中的，代表主力在買，那就證明了買賣家數差為負，代表散戶在賣，主力在買，是相對比較好的籌碼現象。因為不見得每天散戶都在賣，有可能哪一天散戶認為跌多了，又突然進場買進。所以最好有七成、甚至八成以上是呈現散戶在賣。

圖 2-3-6　買賣家數差為負，代表散戶在賣股票

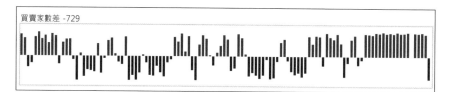

資料來源：作者提供

步驟 3：了解主力的性質》外資是關鍵

如果已經知道有主力在買，有散戶在賣，接著就要去了解買的主力有沒有可能是法人，可透過三大法人的累積買賣超觀

察，如果法人買超，要繼續觀察是不是外資在買超？還是投信在買超？因為之前提到過，如果是外資買超的話，代表它整體的布局時間會稍微長一點，投入的資金可能會多一點，投資人必須有點耐心，等待股價發酵。

如果是投信買超的話，操作速度就會相對快一點，因為投信的操作比較快，也有績效的壓力，每一季都要結帳或作帳。在投信有績效壓力的情況之下，個股股價往上走的時間會比較快。建議以外資先買，投信再買的標的為主。

圖 2-3-7　外資買進布局時間長，投資人布局要有耐心

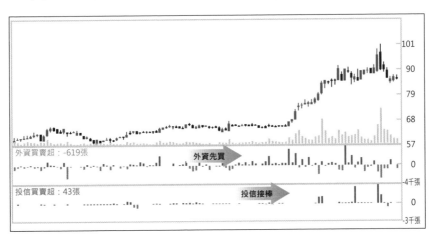

資料來源：豹投資Pro

步驟 4：分析股懂券商

假設已經知道主力是外資、投信在買進，股價上漲機率就很大了，那要如何再去看有沒有其他主力也跟著進來買，接續推升的力道？這就要觀察股懂券商買賣超，如果說最近這些股懂券商又持續買入，那對投資人來說就是非常好的消息，因為這些股懂券商可能再進行下一波的布局。

可以查詢過去這些股懂券商操作這檔個股最賺錢的券商分點有哪些，利用豹投資 Pro 工具查看這次主力進場買入的區間，股懂券商是否同步加碼？如果有，那表示連這些過去操作這檔個股最賺錢的券商，都看好而同時買入。確認主力有外資、投信在買，還加入股懂券商，上漲的機率就更高了。這樣的籌碼趨勢，就是三明治選股操作法切入的大好良機。

步驟 5：計算主力買入均價

確認有主力買、散戶賣，甚至股懂券商都有介入買進了，再來就是要看主力在這段區間買入的均價是多少？

透過券商分點買賣超，找出主力吃貨的這段期間所買入均價是多少，在外資、投信都進場，籌碼集中度又足夠的情形下，這些主力很少會在報酬率不到 10％的情況下離場，所以只要確認主力的均價後，再去檢驗目前的市價跟均價是否相近，這樣賠錢的機率就很低。這時可以設定，買入後停損價就是主力的均價。而且能穩賺 10％就好了，因為你無法確認這些主力會在何時大量賣出，等到看到賣出數據的時候，會來不及離場。所以大概抓一個主力還不滿足的點，可以先把獲利落袋為安，追求次次安打，累積出豐滿的績效報酬。

圖 2-3-8 股懂券商的買超，讓投資人的勝率提高

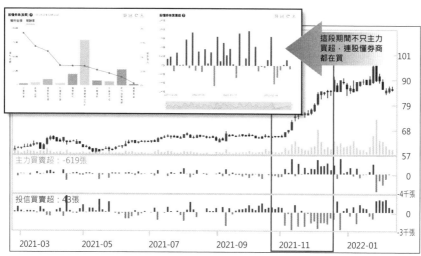

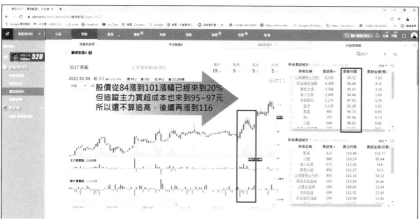

資料來源：豹投資Pro

步驟 6：尋找支撐壓力

多方要有支撐，空方要看壓力，「壓力」跟「支撐」價位怎麼找呢？

一般投資人會利用 K 棒找出支撐與壓力，例如某一根 K 棒出大量，視為關鍵 K 棒，而把那根 K 棒的開盤與收盤價視為重要的支撐與壓力點位。但其實可以直接透過「分價量統計表」快速找到。

「分價量統計表」就是顯示一段時間內，個股成交量的累計，分價量統計表中成交量最多的價位，不是壓力價就是支撐價。當股價低於成交量最多的價位，這個成交量最多的價位就形成「大量壓力區」，因為靠近那個價位有人想買進，就有人會大量供貨賣出，累積出大量的成交量能。由於市價低於那個價格，所以大部分買入的人都是套牢，而形成壓力。

當股價高於成交量最多的價位，這個成交量最多的價位就形成「大量支撐區」，每當股價下跌接近這個價位時，只要有人賣出，就會有人出手承接，累積出大量的實際成交量能。因為有人刻意撐住股價不再往下跌，使得市價高於那個價格，所以逢低買入的人都有獲利，且不斷有資金買入。

圖 2-3-9　找出個股的支撐與壓力

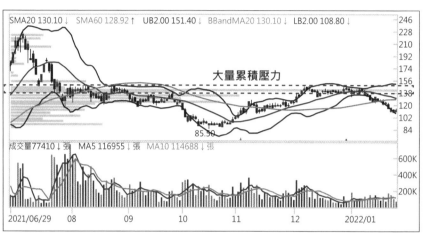

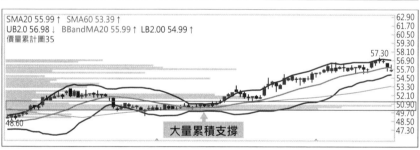

資料來源：豹投資Pro

支撐與壓力：多方找支撐、空方看壓力

價量累積圖所畫出來的線，是計算每筆成交明細在哪個區間價格，藉此觀察出主力的成本價。當線越長時，代表主力的成本價可能在那裡。因為散戶沒資金，不可能買太多的量，所以線並不會拉長，而主力因為資金比較多，買進的量相對散戶就會多很多，也因此線也會很長。

而當一檔個股股價離主力成本價太遠時，即使你看好這檔個股，但主力已經在相對低檔布局了，你再買進的話，可能會變成主力出貨的對象。當一檔個股目前股價在主力成本價附近，這檔個股才有獲利的機會。

圖 2-3-10 價量累積圖上方為大量累積壓力線、下方為大量累積支撐線

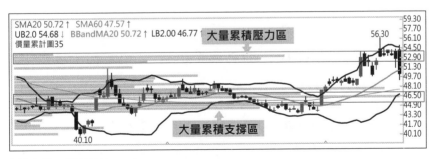

資料來源：嘉實系統

當股價從低檔突破累積大量的線，其壓力線會轉為支撐線，上漲的力道會相對強勢；反之，當股價由高檔跌破大量累積的線，其支撐線會轉變為壓力線，下跌的力道會比較大。

10% 搭配技術分析工具

在利用籌碼分析選擇並買進股票後，要利用技術分析工具監控其走勢，是否有由多轉空的趨勢。以下為筆者常用的工具。

MACD 判斷個股股價趨勢

MACD 指標，中文稱「指數平滑異同移動平均線」，最常用的值為 12 天、26 天、9 天，也稱為 MACD（12、26、9）。在認識 MACD 之前必須先認識「EMA 指數移動平均數」，EMA 指數移動平均數，是由均線所衍生出來的，與一般的移動平均線（SMA）類似，但在計算上有些許不同。SMA 為一般平均值，將一段時間內的所有值加起來再除以這段時間內的個數。而 EMA 是加權平均值，針對越近期的值，

給予的權重越大；越早期的值，給予的權重越小。因為這樣的
設計模式，使得 EMA 相較於 SMA 更適合判斷個股的趨勢。

MACD 的計算公式

EMA（n）＝（前一日 EMA（n）×（n-1）＋今日收盤價×2）
　　　　÷（n＋1）

EMA（m）＝（前一日 EMA（m）×（m-1）＋今日收盤價
　　　　×2）÷（m＋1）

DIF＝EMA（n）－EMA（m）

MACD（x）＝（前一日 xMACD×（x-1）＋DIF×2）÷（x＋1）

MACD 的公式是先計算出快速線（n 日 EMA）及慢速線
（m 日 EMA），並將得出來的數值相減，計算出兩者間的差
值（DIF）。一般來說，快速線常使用的是 12 日，慢速線常使
用 26 日，所以 DIF 就是 12 日 EMA 減掉 26 日 EMA，將兩條
EMA 相減得出來的值，代表短線 EMA 偏離長線 EMA 的情
況，而這個差離值也就是快線 DIF。而慢線 MACD 是計算出
DIF 後，再取 Z 日的指數移動平均數 EMA，一般常使用 9 日
計算。簡單來說，就是將 DIF 再取一次平均。

圖 2-4-1　MACD 的快慢線如何產生

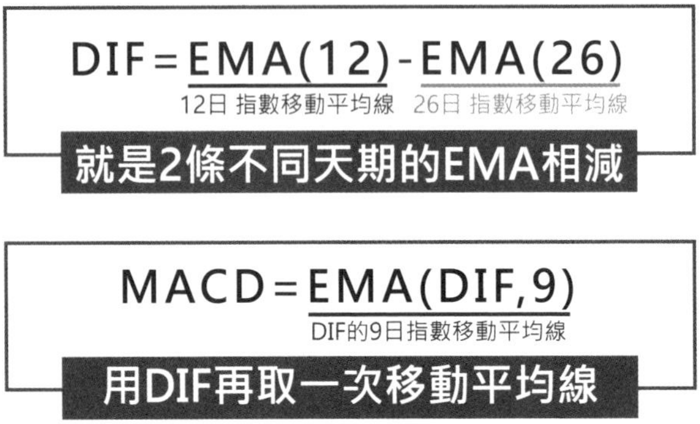

DIF = EMA(12) - EMA(26)

12日 指數移動平均線　26日 指數移動平均線

就是2條不同天期的EMA相減

MACD = EMA(DIF,9)

DIF的9日指數移動平均線

用DIF再取一次移動平均線

資料來源：作者整理

　　利用快線，判斷股價趨勢的變化；利用慢線，判斷股價大趨勢。當快線由下往上準備突破慢線，代表個股由下降趨勢止穩，準備向上攻擊，為買進訊號；當快線由上往下跌破慢線，代表原本的上升的趨勢不見了，個股股價有可能往下，為賣出訊號。

　　而下方的柱狀圖計算方式為 DIF 減掉 MACD，也就是快線減慢線繪製而成。當柱線接近 0 時，為短線的買進或賣出訊號。當柱狀圖從綠柱轉成紅柱，為買進訊號；當柱狀圖由紅柱轉成綠柱，為賣出訊號。

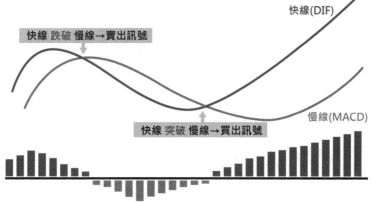

圖 2-4-2　MACD 快慢線運用

快線(DIF)

快線 跌破 慢線→賣出訊號

慢線(MACD)

快線 突破 慢線→買出訊號

資料來源：作者整理

　　每個投資人都想要買低賣高，只靠 MACD 買進一檔個股的話是不夠的。若一檔個股股價已經漲一段了，均線也呈現多頭排列，這時你單靠 MACD 進場，有很高的機率被套牢，因為 MACD 只是幫助你判斷趨勢，必須再搭配其他策略。

實例說明：欣興

　　可以從欣興（3037）的 K 線圖搭配 MACD 觀察個股趨勢。每當紅柱轉為綠柱時，股價就會呈現下跌趨勢；反之，當綠柱轉為紅柱時，股價就會呈現上升趨勢。2021 年 5 月 25 日

特別明顯，當時 MACD 從綠柱轉為紅柱，又剛好黃金交叉，之後股價就一路往上漲。

圖 2-4-3　欣興股價走勢

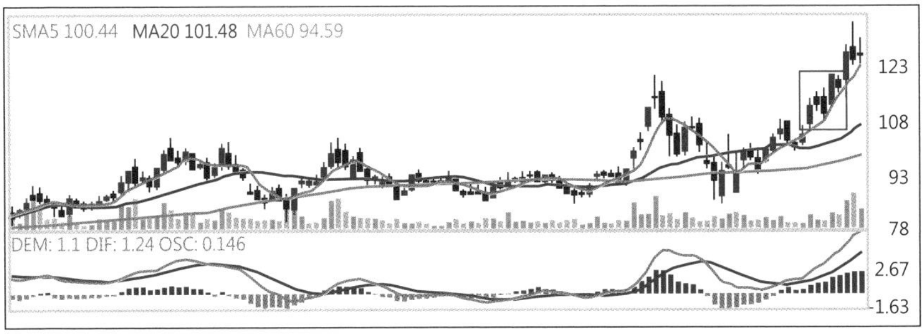

資料來源：嘉實系統

KD：多方找低點、空方等高點

KD 指標又稱「隨機指標」，隨機的意思是指，在一段時間內股價低區間的波動範圍。在算 KD 值之前，要先算未成熟隨機值，也就是 RSV。RSV 的意義在於衡量當天收盤價，在 N 日內的相對位置，是強勢還是弱勢，一般來說，都是設定在 9 日。將 9 天內的股價總波動當作分母，再以當天的股價減掉 9 天內的最低點當作分子。當 RSV 值大於 50，表示當前股價相對強勢；反之，當 RSV 低於 50，表示當前股價趨於弱勢。

RSV 計算方式（以 9 日為例）：

圖 2-4-4　計算 RSV 判斷股價強弱

$$RSV = \frac{今日收盤價 - 最近9天最低價}{最近9天最高價 - 最近9天最低價} \times 100$$

最近9天內，當天股價是 強勢 或 弱勢

資料來源：作者整理

　　假設一檔個股 9 天內最高價為 100 元，最低價為 90 元，由此可知，中間值為 95 元。當今天的收盤價為 97 元，運用 RSV 計算，RSV 值為 70，此時的股價趨於強勢；當今天的收盤價為 93 元，RSV 值為 30，此時的股價相對弱勢，由 RSV 的計算方式可知，這是一種支撐壓力的概念。

KD 值計算方式：

今日 K 值＝2／3 昨日 K 值＋1／3 今日 RSV 值

今日 D 值＝2／3 昨日 D 值＋1／3 今日 K 值

　　不論是 K 值還是 D 值，數值都會落在 100 以內，代表股價的變化速度。K 值為「快速平均值」，由公式可得知，今日

K 值是將昨日 K 值跟今日 RSV 加權平均所得出的結果，相較於 D 值，其對股價變化的速度較敏感，所以 K 值又被稱為「快線」。D 值為「慢速平均值」，計算方式是將昨日 D 值跟今日 K 值加權平均得出的結果，也就是說，要先算出今日 K 值，才有辦法計算出 D 值。所以 D 值對股價的反應較慢，又被稱為「慢線」。

如何用 KD 值找買賣時機？

當 K 值由下往上穿越 D 值時，代表股價在相對低檔整理完後，向上突破中間值，也就是黃金交叉，為買進訊號；當 D 值由上往下跌破 K 值時，代表股價原本在相對高檔的位置，往下緩慢跌破中間值，也就是死亡交叉，為賣出訊號。

圖 2-4-5　KD 值黃金交叉，為買進訊號

資料來源：作者整理

運用 KD 值判斷市場行情

KD 值除了判斷買賣訊號外，還可以表現市場過熱或過冷，有 3 種方式判斷：

1、KD 值大於 80

當 KD 值大於 80 時，代表行情過熱，股價處在相對高檔位置且呈現超買訊號，這時股價很有可能下跌或回檔。雖說股價有可能反轉（K 值假裝準備跌破 D 值，其實還沒），但也可能會繼續向上。建議等待死亡交叉出現再賣出。

2、KD 值小於 20

當 KD 值小於 20 時，代表行情冷清，股價處在相對低檔位置且呈現超賣訊號，這時股價很有可能止跌回穩，準備向上攻擊。雖說股價有可能反轉（K 值假裝準備突破 D 值，其實還沒），但也可能下降趨勢還沒走完。建議等待黃金交叉出現再買進。

3、KD 值 20 至 80

當 KD 值等於 50，表示多空平衡；當 KD 值位於 20 至 50 時，代表空頭較強勢；當 KD 值位於 50 至 80 時，代表多頭較強勢。

實例說明：威剛

從威剛（3260）這檔個股可以觀察 KD 值與股價的關係。當 K 線（快線）由上往下跌破 D 值（慢線），代表股價短線由強勢轉為弱勢，股價就會往下跌。當 K 線由下往上突破 D 值，代表股價短線由弱勢轉為強勢，股價就會往上升。2021 年 4 月 16 日，威剛 K 線突破 D 線，趨勢轉強，之後股價逐漸攀升。

圖 2-4-6　威剛 KD 黃金交叉，股價逐漸攀升

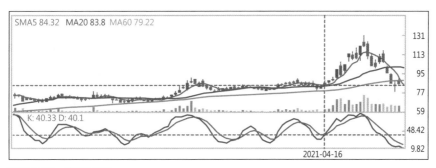

資料來源：嘉實系統

2021 年 5 月 3 日，KD 值已經進入超買區（80 以上），隔天 K 值跌破 D 值，形成死亡交叉，當天還收一根長黑 K 棒，之後股價持續下跌。

圖 2-4-7　威剛 KD 死亡交叉，股價開始崩跌

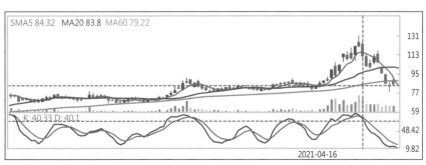

資料來源：嘉實系統

KD 鈍化

當 KD 值處在 80 以上或 20 以下，就表示行情過熱或過冷。當 KD 值一直居高不下（80 以上）或一蹶不振（20 以下）時，就叫做「高檔鈍化」或「低檔鈍化」。當鈍化發生時，即使出現黃金交叉或死亡交叉，還是先不要動作，因為難以判斷相對高低。

實例說明：中鋼

可以發現中鋼（2002）在 2021 年 4 月 9 日時，KD 值已經超過 80，如果那時候你認為這檔個股已經過熱了，把手中的持股出脫，那就大錯特錯，這正是 KD 在高檔鈍化的現象。若你在 KD 值超過 80 時，沒有急著賣掉，一直等到正式死亡交叉的時候（K 值跌破 D 值），就可以賺到上漲的那一段。

圖 2-4-8 中鋼 KD 高檔鈍化，先別急著賣股

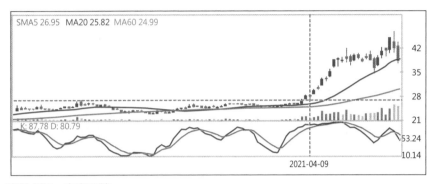

資料來源：嘉實系統

KD 背離

　　不管是 KD 值還是 RSV 值，都是由股價所計算出來的，所以照理來說，股價跟 KD 值的趨勢應該相同。當指標的趨勢與個股走勢不一致的話，就叫指標背離。而指標背離的現象分成 4 種類型。

1、當 KD 指標已經突破前波高點，但股價沒有像 KD 值突破前波高點，股價有轉弱跡象。

2、當股價已經突破前波高點，但 KD 指標沒有像股價突破前波高點，股價有轉弱跡象。

3、當股價已經跌破前波低點，但 KD 指標沒有像股價跌

破前波低點時，股價有轉強機會。

4、當 KD 指標已經跌破前波低點，但股價沒有像 KD 值
　　跌破前波低點，股價有轉強機會。

RSI 追蹤多空哪邊機會大？

RSI 指標又稱為相對強弱指標，全名為 Relative Strength
Index，主要是用來評估股市中買賣方雙方的力道，看哪一個
比較強勢或弱勢，是一種動量指標。而 RSI 的計算方式是將某
段時間內，股價平均漲幅及股價平均跌幅所計算出來的數值。

RSI 計算方式：

RSI＝n 日內平均漲幅／（n 日內平均漲幅＋n 日內平均跌
　　幅）×100％

圖 2-4-9　RSI 的計算方法

資料來源：作者整理

n 日內平均漲幅＝n 日內上漲日的總上漲幅度／n

n 日內平均跌幅＝n 日內下跌日的總下跌幅度／n

一般來說，n 的參數設定 6 或 12 日

實例說明：

　　當一檔個股在 6 日內，有 4 日是上漲，總上漲幅度 4%，有 2 日是下跌，總下跌幅度 2%。

6 日內平均漲幅＝4%（總上漲幅度）／6＝2／3%

6 日內平均跌幅＝2%（總下跌幅度）／6＝1／3%

RSI＝（2／3%）／（2／3%＋1／3%）＝2／3＝67%

　　RSI 的區間為 0 至 100，當最近上漲幅度大，下跌幅度小時，則 RSI 值會大於 50，也就代表買方力道比較強勁；反之，當最近上漲幅度小，下跌幅度大時，則 RSI 值會小於 50，也就代表賣方力道比較強勁。雖說利用 RSI 可以快速反映近幾日內漲跌幅的強弱程度，但在使用上有一些缺失。

RSI 的缺點

1、沒有平滑性： 這項指標的變化，反映在每日新增或移除的資料，當每日新增或移除的資料為大跌或大漲，會使 RSI 指標劇烈波動。

2、未考慮漲跌的先後順序： RSI 的計算方式會顧慮到一段時間內，漲或跌幅的加總，但這個加總並未顧慮到先後順序。當兩檔個股 RSI 值算出來都一樣，但一個是漲幅都在近期，另一個是跌幅都在近期，即使有相同的 RSI 值，也代表不同涵義。

3、不適合長趨勢： 因為 RSI 不考慮順序性的問題，所以無法評估更長的趨勢。如果運用 RSI 去判斷中長波段的話，很容易誤判。

RSI 指標運用

1、趨勢看法： RSI 代表著過去一段時間內的股價強度，當 RSI 值太高或太低，市場上就會產生兩種觀點，一種是順勢觀點，另一種是逆勢觀點。所謂的順勢觀點，就是認為短時間內所發生的走勢會接著下去；而逆勢觀點剛好相反，認為漲跌幅太過於跨張，過一段時間後，趨勢會改變。

而此指標的發明者主要是逆勢觀點，他運用 RSI 值 30 及
RSI 值 70 區分（也有人用 20、80 區分）。

RSI 小於 30：當快速下跌的走勢出現，要評估趨勢是否會
改變，如果認為會，那此時為買進訊號。

RSI 大於 70：當快速下跌的趨勢出現，要評估趨勢是否會
改變，如果認為會，那此時為賣出訊號。

2、**指標背離**：當股價創新高，在同一時期 RSI 卻往下
　　走，這表示上漲的力道逐漸減少，未來個股的走勢可
　　能會往下。當股價破新低，在同一時期，RSI 卻往上
　　升，這表示下降的力道減緩，未來個股的走勢可能會
　　往上

3、**黃金交叉與死亡交叉**：黃金交叉與死亡交叉需要用到
　　兩條 RSI 線，一條為較長周期的 RSI 線，另一條為短
　　周期的 RSI 線。

黃金交叉：當短周期的 RSI 線向上突破長周期的 RSI 時，
此時為買進訊號，表示短期上漲的趨勢大於長期。

死亡交叉：當短周期的 RSI 線向下跌破長周期的 RSI 時，

此時為賣進訊號，表示短期下跌的趨勢大於長期。

　　值得注意的是，就單從計算方式來看，因為 RSI 的計算方法中沒有平滑性，所以筆者認為這邊的黃金交叉與死亡交叉，在使用的力道上面比其他技術指標的黃金交叉與死亡交叉還弱一些。

RSI 鈍化

　　如果短期內趨勢過於一致，連續上漲或連續下跌，這時 RSI 值常常會在 70 以上或 30 以下，這種極端值徘徊，股價呈現趨勢看法中的順勢觀點，這時每天 RSI 的變動，很難反映強弱實際的變化狀況。

圖 2-4-10　華航股價與 RSI 走勢

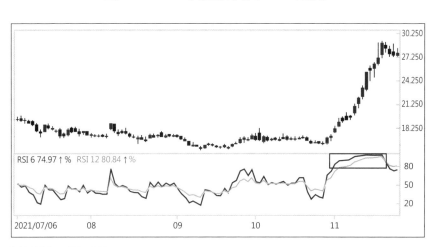

資料來源：嘉實系統

實戰案例與績效追蹤

　　以下以幾個實際案例說明，讓讀者更能了解三明治操作法的運用方式。同時也揭示作者多年運用此方法的操作績效。

案例 1：萬海

　　2021 年 5 月 20 日，筆者觀察到萬海（2615）這檔個股，呈現主力與散戶對做的狀況，且主力當天大買 26,707 張。

圖 2-5-1　2021 年 5 月 20 日，萬海主力大買 26,707 張

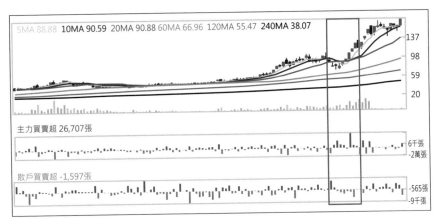

資料來源：豹投資Pro

　　接著觀察外資及投信的買賣超，2021 年 5 月 20 日，光是

外資就買進了 27,923 張，而當天主力也才布局 26,707 張，表示市場上的主力，除了外資，其他主力加起來呈現賣超的狀態。雖然沒有符合外資與投信一起買的情況，但外資持續買進，且在 5 月 20 日當天買進的量很大。而外資大量買進一檔個股，如果跌太多的話，可能無法對投資人負責；投信雖然沒太多興趣，但至少沒在出貨，所以還是值得繼續觀察。

圖 2-5-2　外資大買、投信沒扯後腿，後續還有高點

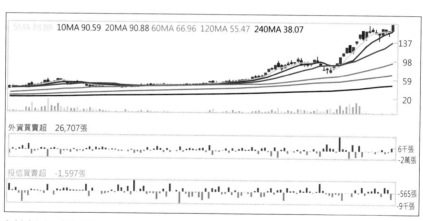

資料來源：豹投資Pro

　　5 月 20 日的股懂券商買進 1 萬 5 千多張，當天買進這檔個股的券商中，就有將近三分之二是股懂券商買的，而且股懂券商不只在這一天布局，在近幾日的交易中都持續補進這檔個

股。

接著觀察這檔個股主力成本價位在哪個價格區間,主力開始大量買進這檔個股,是在 2021 年 5 月 13 日到 5 月 20 日。主力成本價大概落在 82～99 元,所以當時的價位 104 元,離主力的成本價有點距離,所以投資人運用這個策略時要小心。

圖 2-5-3　股懂券商連續買超多日

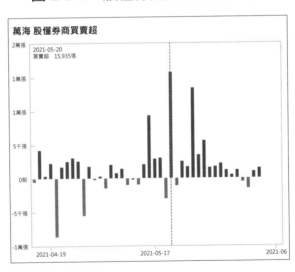

資料來源:豹投資Pro

圖 2-5-4 主力成本落在 82～99 元

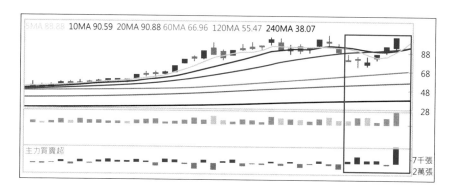

資料來源：豹投資pro

而從價量累積圖可以觀察到，萬海是突破大量累積壓力線的。

圖 2-5-5　突破大量累積壓力線，有一波漲幅

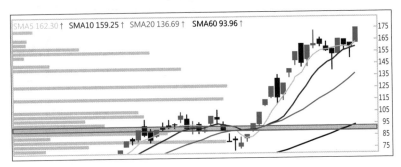

資料來源：嘉實系統

再從其他技術指標來看，KD 跟 RSI 值在前一日，也就是 2021 年 5 月 19 日呈現黃金交叉，而且並非在過熱的超買區。

圖 2-5-6　KD 與 RSI 呈現黃金交叉，啟動漲勢

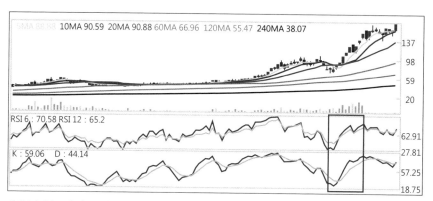

資料來源：嘉實系統

　　MACD 指標雖然呈現綠柱，但可以發現綠柱的部分逐漸變少。如果你是保守的投資人，可以在隔一日，也就是 2021 年 5 月 21 日，觀察綠柱是否轉為紅柱，藉此觀察趨勢是否是往上。假設在 5 月 21 日可以確定這檔個股籌碼面跟技術面沒太多的問題，在 5 月 22 日以開盤價掛單買進後，還是可以獲利 20％～30％。

圖 2-5-7　MACD 綠柱即將翻紅，趨勢往上

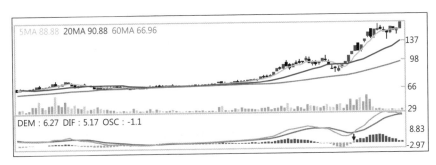

資料來源：嘉實系統

案例 2：精材

2020 年 11 月 5 日，筆者觀察到精材（3374）這檔個股，呈現主力與散戶對做的情形。

圖 2-5-8　2020 年 11 月 5 日，精材主力散戶對做

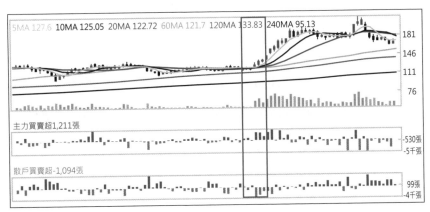

資料來源：豹投資Pro

在法人方面，投信已經布局了好一陣子了，從 2020 年 9 月底就開始，一直布局到 11 月初，而在 11 月 5 日，外資也連續買進 3 天，當時散戶正在賣，表示散戶手中的持股轉移到外資及投信手裡，這對於股價有加分的效果。

圖 2-5-9　外資、投信持續買進，對股價加分

資料來源：豹投資Pro

在券商方面，股懂券商也連續買進 3 天，而且是大量買進，分別買進了 1,452 張、2,301 張及 1,361 張。買超張數為近幾個月來股懂券商買超的新高。

接下來，從券商買超統計追蹤主力的成本價，從 2020 年 9 月 30 日開始追蹤，發現主力成本價落在 122～130 元，買超第一的統一證券買進均價為 126.22 元，買超第二的凱基信義均價 130.76 元。兩家買超最多的券商，當時獲利還不到 10%，所以還有獲利空間。

圖 2-5-10　股懂券商連續買進，創近月買超新高

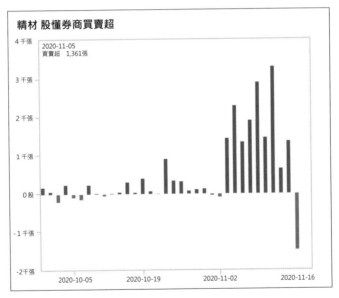

資料來源：豹投資Pro

圖 2-5-11　主力獲利未達 10%，股價還有空間

券商名稱	買超金額(百萬)	買超張數	買進均價
統一	255.46	2,020	126.22
凱基信義	252.89	1,918	130.76
統一內湖	242.77	1,988	122.44
元富台中	166.83	1,260	130.97
華南永昌大安	155.56	1,248	125.74
群益金鼎	150.43	1,219	124.82
永豐金	139.17	1,081	125.81
美林	129.32	1,117	123.18
瑞士信貸	124.58	891	124.96

精材 券商買超統計　2020-09-30 ~ 2020-11-05

資料來源：豹投資Pro

從價量累積圖可以發現，2020 年 11 月 4 日，精材就已經突破大量壓力線，原本 125 元到 127 元的壓力線，變成股價的支撐線。

圖 2-5-12　突破大量壓力線，壓力轉為支撐

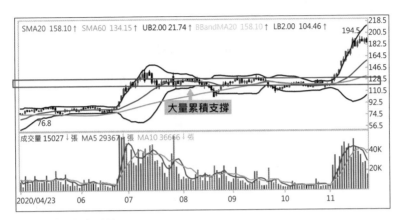

資料來源：嘉實系統

　　繼續觀察精材其他技術指標，MACD 在當時是多頭的狀
態，KD 值也沒有在過熱的超買區，快線（K 值）也在慢線
（D 值）之上。

圖 2-5-13　KD 與 MACD 都在安全位置

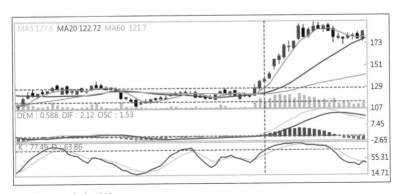

資料來源：嘉實系統

唯一的小缺點是當天 RSI 快線處在過熱超買區，6 日的 RSI 值達 83.33。但整體來說，沒有太大的問題，因為慢線還在 70 左右，再來，快線也剛過 80 而已，並不是超過很多。整體來說技術指標是還不錯的，如果當時有進場買的話，報酬率少說 30%。

圖 2-5-14　美中不足小缺點：6 日的 RSI 值達 83.33

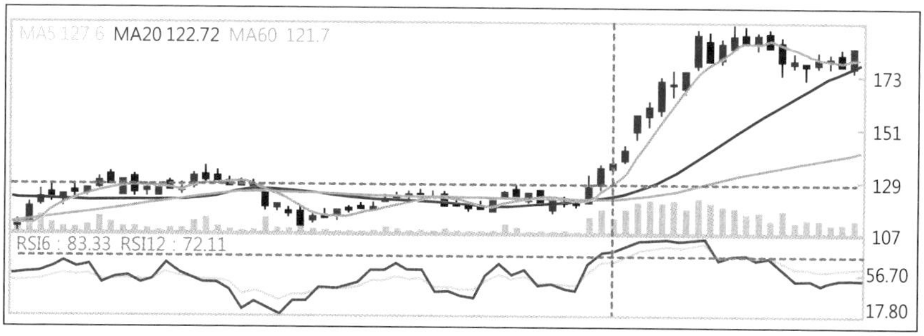

資料來源：嘉實系統

案例 3：台塑化

2020 年 11 月 13 日，筆者觀察到台塑化（6505）主力與散戶對做，可以看到短短 9 個交易日，主力總共買進 54,119 張，散戶賣超 29,582 張。

從股懂券商買賣超發現，股懂券商在 11 月之前，對這檔個股不太有興趣，即使買也只有買一點點；而在 2020 年 11 月 5 日開始增加買進數量，11 月 7 日直接買進 5,026 張，連續買進 7 天。主力連續買超好幾天，再加上股懂券商大量買進，表示買進這檔個股的主力勝率是高的。

圖 2-5-15　2020 年 11 月 13 日，主力大買、散戶大賣

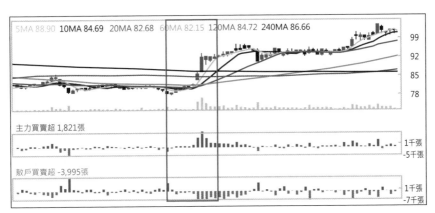

資料來源：豹投資Pro

圖 2-5-16　股懂券商連續買進 7 天

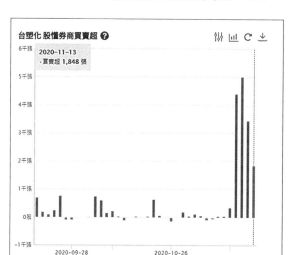

資料來源：豹投資Pro

　　接著看券商買超統計，觀察市場上的主力的成本價，當時主力的成本價大概落在 85.7～90 元，而當時的股價是 92.2 元，還有獲利空間（主力獲利還不到 10％）。

圖 2-5-17　主力成本約 85.7～90 元，仍有獲利空間

券	券商名稱	買超金額(百萬)	買超張數	買進均價
	摩根大通	450.99	5,189	87.11
	台灣摩根士丹利	339.74	3,851	88.17
	美林	299.31	3,457	87.12
	國泰	179.18	1,978	90.66
	元富	171.05	1,997	85.74
	瑞士信貸	167.07	1,878	87.38
	新加坡商瑞銀	137.58	1,549	88.93
	美商高盛	95.3	1,083	87.61
	香港上海匯豐	94.3	1,045	89.75

台塑化 券商買超統計 ❓ 🕐 2020-11-03 ~ 2020-11-13

資料來源：嘉實系統

　　最後從價量累積圖觀察當時的支撐線或壓力線，可以看到股價在 92～93 元間有壓力。

圖 2-5-18　主力大買，就算股價遇壓仍可進場

資料來源：嘉實系統

　　風險承擔能力較大的投資人，即使是在壓力線附近，是可以考慮進場的，因為籌碼集中在主力身上，主力不可能讓自己賠錢，所以突破壓力線的機會是很大的。較保守的投資人不妨等個幾天，在收盤價或 K 棒都正式過壓力線過後，再做布局也不遲。但要注意的是，過壓力線過後才布局的話，成本當然就會高一點。以這檔個股為例，不管有沒有過壓力線，布局都是可以獲利的。

圖 2-5-19　突破壓力，先前布局的都獲利

資料來源：豹投資Pro

案例 4：映泰

2021 年 2 月 19 日，筆者看到映泰（2399）也是呈現主力散戶對做非常明顯的狀態。

再觀察股懂券商的買超狀況，發現當時投資映泰的主力，並不是一般主力，而是勝率較高的主力。

圖 2-5-20　2021 年 2 月 19 日，映泰主力與散戶對做

資料來源：豹投資

圖 2-5-21　勝率高的主力進場

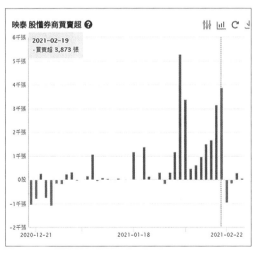

資料來源：豹投資

而映泰主力成本價落在 15.48～16.47 元，當時的股價 18.4
元，主力已經獲利 10%以上了。

圖 2-5-22　主力成本 15.48～16.47 元，已獲利 10%以上

映泰 券商買超統計 ❓ ⏱ 2021-01-11 ~ 2021-02-19			⑂ C ↧
券商名稱⇕	買超金額(百萬)⇕	買超張數⇕	買進均價⇕
瑞士信貸	243.58	15,403	15.76
摩根大通	66.75	3,739	16.47
新加坡商瑞銀	63.92	4,149	15.48
台灣摩根士丹利	33.03	2,045	16.08
美林	25.06	1,554	15.74
港商野村	7.41	446	16.49
美商高盛	6.29	423	16.07
德信和平	5.63	420	13.46
元大大里	4.31	249	16.52

資料來源：豹投資

　　觀察價量累積圖，股價跳空突破了 17～17.5 元的壓力線，
迎面而來是第二條壓力線，位於 19～19.5 元。綜合以上觀
點，筆者是當時是不會進場的（主力成本離股價太遠，加上有

壓力線）。

圖 2-5-23 壓力重重，股價上漲空間有限

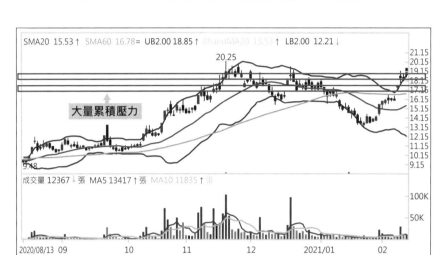

資料來源：嘉實系統

　　雖然當時不會買進，不代表不持續繼續觀察，經過一段時間後，主力沒有把股票賣掉，甚至還持續買進，表示這檔個股其實還有機會，需要耐心等待。應該是遇到操作長線的主力，需要更多的耐心。2021 年 3 月 24 日，映泰還有第二波主力散戶對做的情況。

圖 2-5-24　2021 年 3 月 24 日，第二波主力散戶對做

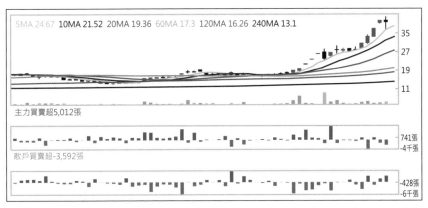

資料來源：豹投資

　　加上第二波進場的主力成本價落在 23～26.61 元，對於成本 23 元的券商，獲利足足有 10％以上，但買超第一的凱基證券，成本價 26.61 元，當時股價 26.75 元，其獲利根本還沒拉開，代表這檔個股股價還是有上漲空間的。

圖 2-5-25　買超第一券商的成本還未拉開，股價還會漲

券商名稱	買超金額(百萬)	買超張數	買進均價
映泰 券商買超統計 ❓ 🕐 2021-03-11 ~ 2021-03-24			⇥ C ⬇
凱基	91.85	3,430	26.61
摩根大通	77.8	3,152	23.43
新加坡商瑞銀	52.04	2,026	23.05
元大	46.14	2,598	23.43
瑞士信貸	38.53	1,568	24.44
元大永春	30.53	1,157	25.51
富邦嘉義	9.18	370	24.63
新光	8.74	384	22.34
富邦建國	8.73	448	20.19

資料來源：豹投資

　　2021 年 3 月 24 日，股價也突破之前提到的壓力線，當時已沒有較大的壓力線。整體來說，3 月 24 日是可以買進的。

圖 2-5-26 突破天花板，往上無壓力，可考慮進場

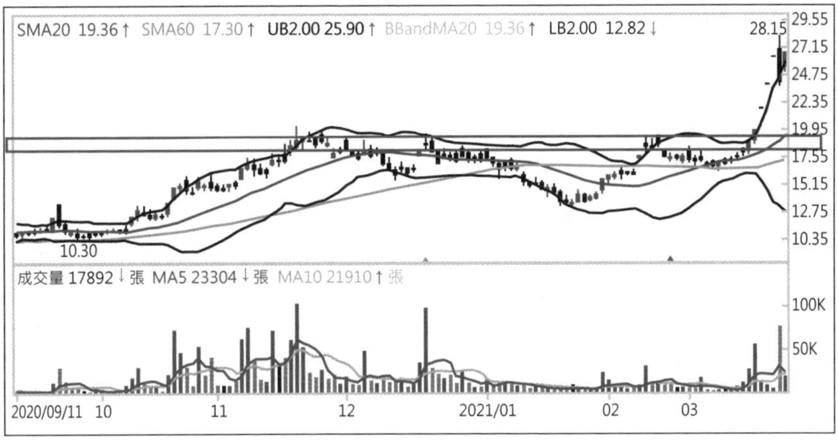

資料來源：嘉實系統

　　以上的範例提供給大家參考，各位也應該拿出自己的軟體，開始把範例都演練一遍囉。

三明治操作法實績

　　以下是筆者在 2021 年 3 到 4 月透過三明治選股法挑出來的觀察名單，有可以獲利翻倍的，也有少部分觀察後較弱勢的個股。如果以開盤價買進，最高漲幅時賣出的話，獲利平均也有 31％。觀察清單總共 33 檔，有 10％以上報酬的就有 20 檔，超過一半能獲利 10％以上（數據採用到 2021／06／21）。

圖 2-5-27 用三明治選股法挑出的觀察名單

觀察日期	股票名稱	觀察開盤價	觀察後最高價	最新收盤價	最高漲點	最高漲幅
3月2日	萬海	48.2	249	249	200.8	417%
3月3日	金像電	57.9	63.8	62.2	5.9	10%
3月4日	豐興	71	94.8	71.5	23.8	34%
3月5日	廣運	27	29.4	22.9	2.4	9%
3月8日	廣運	27.45	29.4	22.9	1.95	7%
3月9日	茂達	103	164	157	61	59%
3月10日	玉晶光	493	566	522	73	15%
3月12日	中興電	54.6	58.2	50.2	3.6	7%
3月15日	茂林KY	110	113	103.5	3	3%
3月16日	晶炎	116.5	179	142	62.5	54%
3月18日	圓剛	48.95	54.5	39.85	5.55	11%
3月19日	圓剛	49.45	54.5	39.85	5.05	10%
3月22日	致伸	66.7	65	52.1	-1.7	-3%
3月23日	全新	113	130	122	17	15%
3月24日	3月光投控	108	124	113	16	15%
3月26日	奇力新	112	114.5	97.7	2.5	2%
3月29日	正新	46	59.1	44.3	13.1	28%
3月31日	中橡	26.3	32.9	24.55	6.6	25%
4月1日	中橡	26.55	32.9	24.55	6.35	24%
4月6日	新光鋼	41	84.5	63.2	43.5	106%
4月7日	福懋	31.35	34.5	32	3.15	10%
4月8日	健鼎	141	144.5	129	3.5	2%
4月12日	台化	89.4	95.5	82.8	6.1	7%
4月14日	安集	69.6	69.7	49.5	0.1	0%
4月16日	東陽	37.1	40.1	33	3	8%
4月19日	建漢	22.5	22.25	18.25	-0.25	-1%
4月20日	欣興	93.5	140	131	46.5	50%
4月21日	世紀鋼	117.5	138	133.5	20.5	17%
4月22日	金像電	56.2	63.8	62.2	7.6	14%
4月23日	聯茂	147	157	137.5	10	7%
4月26日	欣興	98	140	131	42	43%
4月27日	敦泰	202	253	208	51	25%
4月29日	鼎元	30.5	29.75	24.95	-0.75	-2%

資料來源：作者整理

正確掌握短線交易的心理認知

雖然影響股價漲跌的因素有基本面、籌碼面，還有可能是因為技術面下跌，因為發生了系統性風險。在股價演化過程，筆者特別注重籌碼面的分析，因為凡事都有人比你早知道，而這些人在籌碼上會留下足跡，讓我們可以鎖定這些股票，站在主力的肩膀上去搭大戶的順風車。

這邊要強調一點，追蹤籌碼時請勿有以下迷思，那就是認為自己可以賺的比主力還要多。主力之所以是主力，表示他比你更清楚這檔個股及市場操作，除非你自己也是主力，不然就只能看著主力吃整條魚，我們就去頭去尾吃魚身。

沒有一個投資策略可以在市場上達到百分之百的勝率，透過三明治選股法，可以找到贏多輸少的局面。此外，讀者透過本書也能學習如何設立停損，即使投資到錯誤的個股，也能及時出場，避免套牢。三明治選股法要熟練，就要每周練習，找到適合的個股，熟能生巧。

附錄：彼得龍操作實戰班 2021 年觀察股清單追蹤績效

短周期籌碼操作實戰班《六月》觀察股清單追蹤績效 21210630

觀察日期	股票代碼	股票名稱	觀察開盤價	觀察後最高價	6/30收盤價	最高漲點	最高漲幅	漲跌	漲跌幅
6月1日	台股	大盤	17098.49	17797.27	17755.46	698.78	4.09%	656.97	3.84%
6月1日	2441	超豐	72.9	86.2	78.8	13.3	18.24%	5.9	8.09%
6月3日	3707	漢磊	71	89	78.3	18	25.35%	7.3	10.28%
6月4日	4968	立積	513	558	484.5	45	8.77%	-28.5	-5.56%
6月7日	3189	景碩	119	165	135	46	38.66%	16	13.45%
6月8日	3014	聯陽	121	133.5	121.5	12.5	10.33%	0.5	0.41%
6月10日	3711	日月光投控	115.5	120	112	4.5	3.90%	-3.5	-3.03%
6月11日	2379	瑞昱	520	528	505	8	1.54%	-15	-2.88%
6月15日	2108	南帝	142.5	176	143.5	33.5	23.51%	1	0.70%
6月17日	2455	全新	118.5	149	134	30.5	25.74%	15.5	13.08%
6月22日	8046	南電	366	439	389.5	73	19.95%	23.5	6.42%
6月24日	6278	台表科	133	138.5	121	5.5	4.14%	-12	-9.02%
6月28日	8924	大田	165	183	172.5	18	10.91%	7.5	4.55%
6月29日	6116	彩晶	23.15	23.35	22.1	0.2	0.86%	-1.05	-4.54%

短周期籌碼操作實戰班《七月》觀察股清單追蹤績效 21210730

觀察日期	股票代碼	股票名稱	觀察開盤價	觀察後最高價	7/30收盤價	最高漲點	最高漲幅	漲跌	漲跌幅
7月1日	台股	大盤	17801.19	18034.19	17247.41	233	1.31%	-553.78	-3.11%
7月1日	1308	亞聚	37.5	42.35	35.3	4.85	12.93%	-2.2	-5.87%
7月5日	4551	智伸科	191	200	173	9	4.71%	-18	-9.42%
7月5日	1795	美時	103	157.5	146.5	54.5	52.91%	43.5	42.23%
7月6日	4961	天鈺	336	338.5	292	2.5	0.74%	-44	-13.10%
7月7日	6223	旺矽	133	160.5	155.5	27.5	20.68%	22.5	16.92%
7月9日	2379	瑞昱	520	621	588	101	19.42%	68	13.08%
7月12日	4919	新唐	108.5	162	135	53.5	49.31%	26.5	24.42%
7月12日	4906	正文	34.5	35	32.8	0.5	1.45%	-1.7	-4.93%
7月13日	1815	富喬	20.05	22.8	19.55	2.75	13.72%	-0.5	-2.49%
7月13日	8215	明基材	28	41.8	41	13.8	49.29%	13	46.43%
7月14日	3227	原相	217	220.5	194.5	3.5	1.61%	-22.5	-10.37%
7月16日	3374	精材	183.5	186.5	168	3	1.63%	-15.5	-8.45%
7月19日	3556	禾瑞亞	84.1	118	113.5	33.9	40.31%	29.4	34.96%
7月21日	3711	日月光投控	120	124.5	122.5	4.5	3.75%	2.5	2.08%
7月23日	4760	勤凱	135	160.5	131.5	25.5	18.89%	-3.5	-2.59%
7月26日	1519	華城	46.95	48.45	43.35	1.5	3.19%	-3.6	-7.67%
7月27日	3218	大學光	370	376	357.5	6	1.62%	-12.5	-3.38%

短周期籌碼操作實戰班《八月》觀察股清單追蹤績效 21210831

觀察日期	股票代碼	股票名稱	觀察開盤價	觀察後最高價	8/31收盤價	最高漲點	最高漲幅	漲跌	漲跌幅
8月2日	台股	大盤	17256.61	17643.97	17490.29	387.36	2.24%	233.68	1.35%
8月2日	9921	巨大	924	964	901	40	4.33%	-23	-2.49%
8月3日	1313	聯成	27.45	28	24.5	0.55	2.00%	-2.95	-10.75%
8月5日	1605	華新	29.5	29.8	26.85	0.3	1.02%	-2.65	-8.98%
8月6日	3033	威健	25.95	26.15	23.7	0.2	0.77%	-2.25	-8.67%
8月9日	3228	金麗科	470.5	479.5	400	9	1.91%	-70.5	-14.98%
8月11日	5289	宜鼎	240	240	232.5	0	0.00%	-7.5	-3.13%
8月13日	8398	明安	92.5	92.5	77.5	0	0.00%	-15	-16.22%
8月17日	8081	致新	279	279	261.5	0	0.00%	-17.5	-6.27%
8月20日	6215	和椿	31	33.55	31.8	2.55	8.23%	0.8	2.58%
8月23日	6271	同欣電	265	284	262	19	7.17%	-3	-1.13%
8月25日	2383	台光電	236.5	239.5	234	3	1.27%	-2.5	-1.06%
8月30日	8086	宏捷科	170.5	173	168.5	2.5	1.47%	-2	-1.17%

三明治操作實戰班《八月》空方觀察股清單追蹤績效 21210831

觀察日期	股票代碼	股票名稱	觀察開盤價	觀察後最低價	8/31收盤價	最低跌點	最低跌幅	漲跌	漲跌幅
8月16日	1515	力山	72	68.9	70.8	-3.1	-4.31%	-1.2	-1.67%
8月16日	1736	喬山	72.3	63.4	68.6	-8.9	-12.31%	-3.7	-5.12%
8月16日	2492	華新科	185	173.5	180.5	-11.5	-6.22%	-4.5	-2.43%
8月16日	2105	正新	40.1	36.7	37.25	-3.4	-8.48%	-2.85	-7.11%

短周期籌碼操作實戰班《九月》觀察股清單追蹤績效 21210930

觀察日期	股票代碼	股票名稱	觀察開盤價	觀察後最高價	9/30收盤價	最高漲點	最高漲幅	漲跌	漲跌幅
9月1日	台股	大盤	17463.8	17633.67	16934.77	169.87	0.97%	-529.03	-3.03%
9月1日	3037	欣興	147	158	132	11	7.48%	-15	-10.20%
9月6日	6239	力成	111.5	112.5	104.5	1	0.90%	-7	-6.28%
9月9日	2015	豐興	81	86	78.1	5	6.17%	-2.9	-3.58%
9月10日	9921	巨大	330	345	318.5	15	4.55%	-11.5	-3.48%
9月13日	5483	中美晶	193	195	181.5	2	1.04%	-11.5	-5.96%
9月14日	8112	至上	46.1	46.4	44.3	0.3	0.65%	-1.8	-3.90%
9月14日	1308	亞聚	38.5	52.6	45.95	14.1	36.62%	7.45	19.35%
9月16日	6213	聯茂	143.5	170.5	145	27	18.82%	1.5	1.05%
9月23日	1304	台聚	36.6	42.8	37.7	6.2	16.94%	1.1	3.01%
9月24日	3035	智原	118.5	122.5	115	4	3.38%	-3.5	-2.95%
9月27日	3515	華擎	154.5	169	161	14.5	9.39%	6.5	4.21%
9月29日	3653	健策	322	350.5	350.5	28.5	8.85%	28.5	8.85%
9月30日	2204	中華車	73.3	73.9	73.9	0.6	0.82%	0.6	0.82%
9月30日	1440	南紡	25	26.2	26.2	1.2	4.80%	1.2	4.80%

短周期籌碼操作實戰班《十月》觀察股清單追蹤績效 21211029

觀察日期	股票代碼	股票名稱	觀察開盤價	觀察後最高價	10/29收盤價	最高漲點	最高漲幅	漲跌	漲跌幅
10月1日	台股	大盤	16893	17104.86	16987.41	221.86	1.31%	104.41	0.62%
10月5日	2354	鴻準	70.3	71.8	68.8	1.5	2.13%	-1.5	-2.13%
10月6日	6179	亞通	33.45	33.45	29.95	0	0.00%	-3.5	-10.46%
10月12日	1303	南亞	90	90.6	85.1	0.6	0.67%	-4.9	-5.44%
	3587	閎康	159	160.5	143	1.5	0.94%	-16	-10.06%
	6138	茂達	166.5	191	182.5	24.5	14.71%	16	9.61%
	6271	同欣電	231	271.5	264	40.5	17.53%	33	14.29%
10月15日	2027	大成鋼	45.1	46.8	44.15	1.7	3.77%	-0.95	-2.11%
10月18日	2377	微星	142	146.5	140	4.5	3.17%	-2	-1.41%
10月20日	1708	東鹼	35.55	36.8	30.7	1.25	3.52%	-4.85	-13.64%
10月21日	9907	統一實	13.55	13.7	13	0.15	1.11%	-0.55	-4.06%
10月26日	2324	仁寶	24.55	24.85	24.45	0.3	1.22%	-0.1	-0.41%
10月29日	24	欣銓	58.7	61	59.4	2.3	3.92%	0.7	1.19%

短周期籌碼操作實戰班《十一月》觀察股清單追蹤績效 21211130

觀察日期	股票代碼	股票名稱	觀察開盤價	觀察後最高價	11/30 收盤價	最高漲點	最高漲幅	漲跌	漲跌幅
11月1日	台股	大盤	17021.77	17986.18	17427.76	964.41	5.67%	405.99	2.39%
11月1日	2455	全新	143	162.5	153	19.5	13.64%	10	6.99%
11月2日	6706	惠特	225	232	209.5	7	3.11%	-15.5	-6.89%
11月4日	1605	華新	27.3	28.7	26.1	1.4	5.13%	-1.2	-4.40%
11月5日	8021	尖點	46.55	46.9	41.75	0.35	0.75%	-4.8	-10.31%
11月8日	3665	貿聯KY	270	275	258.5	5	1.85%	-11.5	-4.26%
	3653	健策	394.5	439	439	44.5	11.28%	44.5	11.28%
	2308	台達電	263	268	256	5	1.90%	-7	-2.66%
11月10日	2379	瑞昱	515	560	555	45	8.74%	40	7.77%
11月11日	2408	南亞科	69	76.6	74.2	7.6	11.01%	5.2	7.54%
11月15日	3023	信邦	248.5	265	254.5	16.5	6.64%	6	2.41%
	2337	旺宏	43.65	44.25	42.4	0.6	1.37%	-1.25	-2.86%
	2368	金像電	73.8	80	71.9	6.2	8.40%	-1.9	-2.57%
11月16日	2327	國巨	444.5	473	456.5	28.5	6.41%	12	2.70%
11月17日	3105	穩懋	361	371.5	362.5	10.5	2.91%	1.5	0.42%
11月19日	3003	健和興	100.5	101.5	93.3	1	1.00%	-7.2	-7.16%
11月22日	8289	泰藝	37.25	41.95	38.2	4.7	12.62%	0.95	2.55%
	4960	誠美材	13.2	13.65	12.6	0.45	3.41%	-0.6	-4.55%
	2481	強茂	113.5	114	110.5	0.5	0.44%	-3	-2.64%
	3711	日月光投控	106.5	107.5	102	1	0.94%	-4.5	-4.23%
11月23日	3483	力致	94	100	98.1	6	6.38%	4.1	4.36%
11月24日	3037	欣興	196.5	229.5	228	33	16.79%	31.5	16.03%
11月26日	2456	奇力新	92.5	93.2	90.5	0.7	0.76%	-2	-2.16%
11月29日	2331	精英	23.4	25.25	24.85	1.85	7.91%	1.45	6.20%
	2344	華邦電	29.45	32.85	32.05	3.4	11.54%	2.6	8.83%
	1709	和益	23.2	24.25	23.35	1.05	4.53%	0.15	0.65%
	1722	台肥	69.6	69.8	68.3	0.2	0.29%	-1.3	-1.87%

短周期籌碼操作《十二月》觀察股清單追蹤績效 21211230

觀察日期	股票代碼	股票名稱	觀察開盤價	觀察後最高價	12/31 收盤價	最高漲點	最高漲幅	漲跌	漲跌幅
十二月	台股	大盤	17428	18291	18218	863	4.95%	790	4.53%
12月1日	4960	誠美材	12.6	14.25	13.95	1.65	13.10%	1.35	10.71%
12月3日	3675	德微	261	320	288.5	59	22.61%	27.5	10.54%
12月6日	2347	聯強	60.5	68	66.2	7.5	12.40%	5.7	9.42%
	3443	創意	599	661	586	62	10.35%	-13	-2.17%
	6188	廣明	43.2	50.4	48.65	7.2	16.67%	5.45	12.62%
	3260	威剛	94.7	96	92.3	1.3	1.37%	-2.4	-2.53%
	2426	鼎元	29.65	32.95	28.35	3.3	11.13%	-1.3	-4.38%
12月9日	2481	強茂	113	114	107	1	0.88%	-6	-5.31%
12月10日	6196	帆宣	164	195	182	31	18.90%	18	10.98%
12月13日	3596	智易	114	135	127.5	21	18.42%	13.5	11.84%
	6414	樺漢	243	243	236.5	0	0.00%	-6.5	-2.67%
	2449	京元電	44.45	44.9	44.8	0.45	1.01%	0.35	0.79%
	2377	微星	168.5	173	160.5	4.5	2.67%	-8	-4.75%
12月16日	5483	中美晶	222	241	236	19	8.56%	14	6.31%
12月17日	3680	家登	312	340.5	324	28.5	9.13%	12	3.85%
12月20日	1722	台肥	70.5	71.1	70	0.6	0.85%	-0.5	-0.71%
	2458	義隆	166	173	170	7	4.22%	4	2.41%
	2395	研華	386.5	409.5	396.5	23	5.95%	10	2.59%
	6116	彩晶	16.85	18.4	18.1	1.55	9.20%	1.25	7.42%
12月21日	2451	創見	73.4	74.7	73.1	1.3	1.77%	-0.3	-0.41%
12月27日	8150	南茂	49	49.4	48.6	0.4	0.82%	-0.4	-0.82%
	2327	國巨	479.5	484	479.5	4.5	0.94%	0	0.00%
	2455	全新	147.5	149.5	144	2	1.36%	-3.5	-2.37%
12月29日	4162	智擎	68.9	74.5	72.6	5.6	8.13%	3.7	5.37%
	8027	鈦昇	79.3	86.6	85	7.3	9.21%	5.7	7.19%
12月30日	5388	中磊	71.3	75.7	75.7	4.4	6.17%	4.4	6.17%

PART 3

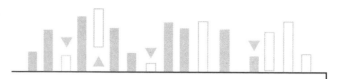

籌碼分析必懂關鍵字

前兩章說明三明治投資法的操作系統，本章則說明市場上常見的籌碼指標、專有名詞及其定義、公式，讓讀者深入籌碼相關領域。下表為重要數據的產生單位及網址，供讀者參考。

表 3-1　籌碼數據主要來源

數據項目	公布單位	公布周期	網址
券商買賣日報表（上市）	台灣證券交易所	每個交易日	https://bsr.twse.com.tw/bshtm/
券商買賣日報表（上櫃）	證券櫃檯買賣中心	每個交易日	https://www.tpex.org.tw/web/stock/aftertrading/broker_trading/brokerBS.php
集保戶股權分散表	台灣集中保管結算所	每周	https://www.tdcc.com.tw/portal/zh/smWeb/qryStock

資料來源：作者整理

10% 衡量主力動向的指標

　　剛進入股市的新手投資人很常聽到法人跟散戶這兩個名詞，看似了解卻又很陌生。很多人會看著法人買賣超操作股市，但又找不到正確的方法，找出好股票。市場上的投資人大多是散戶，所以要找到一檔勝率高的好股票，就必須跟散戶反著操作。

　　本小節要教資人如何看法人資金流向。看到法人買超某檔個股，不表示股價會馬上漲，法人可能買一天賣一天，這時就要看這些主力的長期買超占成交量多少百分比，如果長期下來籌碼越集中，表示主力、法人在大量吃貨。所以進入股市前，必須先看懂法人、主力的市場操作，搭上法人、主力的順風車，就能增加贏錢的機率。

三大法人

　　所謂三大法人，就是外資、投信、自營商。

假外資

　　比較特別的是，市場上還存在一些「假外資」。在台灣，

只要經過政府同意，從國外進到台灣的資金，就會稱為外資。有些老闆為了避稅，即使公司工廠在台灣，員工也是台灣人，也會將公司註冊在一些海外的免稅國家；而這些公司從海外回到台灣上市櫃，進行投資，也會被當作外資。但這種外資跟一般非本地投資機構進來的資金不同，並非真的外資，稱為「假外資」。

自營商與散戶的差別

自營商追求的是絕對報酬，為了獲取高報酬，多為短線操作為主。其實自營商跟大部分散戶一樣，沒什麼耐性長期持有股票，希望短時間內就能賺大錢。而且自營商的主管老闆，有時候也不太理性，假如大盤漲了 3％，他可能會希望自營商的操盤人要賺 6％以上；如果大盤跌了 3％，即使操盤人守住資金不賠，多數的自營商老闆似乎也不會感激，更不會發獎金。

而投信基金經理人衡量的標準是相對報酬，只要比其他基金好就好，身為自營商操盤人，被賦予的要求似乎更高一些，必須要替部位賺到絕對正報酬，才能看到老闆的笑容，單單打敗大盤是不夠的。

雖然自營商跟散戶的投資風格相近，但資源上卻存在極大的差距。除了自營商可操作的資金較多，他們還掌握比散戶更多的資訊，像是券商研究部門會出第一手的消息或是產業分析報告，許多券商自營部門跟投顧研究單位或證券研究部會一起開會，研究個股與大盤多空，這些都讓自營商在資訊取得上，比散戶擁有更多的優勢。

　　自營商專買強勢股，不會因為價格太高而猶豫，並在達到目標價後就停利，也會在發現苗頭不對就馬上停損。但大多散戶是看到價高就不想買，即使獲利也容易因為貪心而沒有及時停利，以及虧損了還捨不得停損，一味相信之後還會漲回來，從短線操作變成長抱股票。因此，自營商操盤人嚴格遵守操作規則，並且學會找對資訊的強大紀律，正是散戶可以學習的。

　　散戶的另一個壞習慣則是常聽從某人的意見下單，但與其聽從某人的意見，不如聽從三大法人的意見。市場上的三大法人當然不會大肆宣傳說要買什麼股票，但外資及投信常常出研究報告，以外資為例，高盛及美林這些證券公司就常出投資報告，鼓勵外國基金買進，而散戶可以從這些研究報告，推測出

他們有可能買進的個股。

　　投資人常常可以在新聞上看到，某某外資又調高某檔個股的目標價，但當天外資可能大賣這檔個股。為何會這樣？因為出研究報告的是研究部門，但真正操作的並不是研究部門。所以，投資人要注意的並不是外資「說」什麼，而是外資「做」什麼。

主力買賣超

　　從主力買賣超這項數據，只能知道主力是買超多還是賣超多，但單看主力進出說明個股走向，證據太過薄弱。如果能看出主力成本或是哪些主力在吃籌碼，主力買賣超才會與股價呈現正相關。以下先介紹主力買賣超的行為模式，再去看他們買入的均價，了解目前買入價格是否跟主力均價有落差，最後再看籌碼是否集中在主力手上，這些都是觀察主力買賣超要注意的。

買賣超前 10 大券商

　　很多人操作股票都是看三大法人的買賣動向，參考的依據都是他們資金量多，有掌控股市走向的能力。但台股不是只有

法人，還有市場的大戶、有政府、有公司派，甚至一般的散戶大眾。所以接下來，就是要用券商分點做更深入的籌碼分析。

追蹤籌碼必須追蹤幾個方向，首先就是有第一手資訊的人，也就是提早知道市場利多跟利空的人，他會先去布局，或者會先落跑。其次是對特定個股買賣張數比較大的，因為買得多，股價可能會被他推升上去。賣得多，股價有可能會被他打下來。最後則是有政策影響力的，如公司派或是政府機構。

擁有第一手資訊的持股人，就是所謂有內線消息的人士，並不容易追蹤，必須用更深入的券商分點資料才能辦到，會在後面幾個單元說明。有政策影響力的單位，如政府會「護盤」或「退場」，這部分也會在之後說明。

首先說明如何追蹤買賣張數大的持股人。

不管你是政府、外資、大戶，甚至是散戶，都必須透過券商下單，只要有在券商下單交易，就會在「買賣日報表」裡面留下資料。透過券商的買賣日報表，整理出「買超前 10 大券商的買超總和」及「賣超前 10 大券商的賣超總和」。前 10 大

券商的交易的成交比重，已經達到單一個股 6 到 7 成的總成交量。因此觀察買賣各 10 大的券商，就可以掌握市場趨勢。

把前 10 大買超券商的總額，扣掉前 10 大券商賣超的總額，算出來就是主力的買賣超，用來判斷市場主力到底是買得多還是賣得多。

如果僅看張數，會產生盲點。假如主力買了 10,000 張，賣了 9,000 張，那主力買超還有 1,000 張，這 1,000 張對這檔個股來講，買超到底是多還是少？

1,000 張的買超放在鴻海、台積電這種每天交易量幾萬張、甚至幾十萬張的股票，影響力非常小；可是如果放在一些比較冷門的股票，一天交易只有幾千張的，那買 1,000 張一定是大漲的主要推動力量。此時運用籌碼集中度，可迅速知道主力這幾天買超占總成交量多少。

主力買賣超＝前 10 大買超券商合計買超張數－前10大賣超券商
　　　　　　合計賣超張數

主力買賣超統計是以當天收盤後的前 10 大買超個股券商減去前10大賣超個股券商，得出結果看是買超多還是賣超多。如果是買超多，代表當日市場上的主力買進力道強勁，日後上漲機會大；反之，如果賣超多，代表當日市場上主力不看好該個股，紛紛拋售賣出，導致賣出力道大於買進，日後上漲機會小。

主力集中價格

就是主力買入的平均價格，透過觀察主力集中價格線，價格線下表示主力做空，股價容易下跌；價格線上表示主力做多，股價有機會上漲。主力集中價格線只能說明目前主力的平均成本，了解他們手上持股是賺還是賠，因為大戶、主力資金量很大，只要公司體質好，套牢個幾年都不是問題；但散戶資金少，套牢個 1～3 個月就會產生心理壓力，所以主力成本線只能判斷目前趨勢是偏向做空還做多，並非絕對的指標。

買賣家數差

買賣家數差表示當天券商買進家數與當天賣出家數差額。用以衡量個股在市場上流通的股票是否集中在少數人手上。如是，對股價上漲有利，否則就不利。

假設 500 個散戶從 500 個券商分點賣出了 10,000 張，而這 10,000 張，被兩個主力大戶在兩家券商分點買走了。所以買進的券商家數是兩家，賣出的券商家數是 500 家，買賣家數差就是-498 家（2－500）。所以買賣家數差如果是負數，就是散戶在賣股票。如果賣家數差是正數的，就是散戶在買股票，也就是有特定大戶在少數券商拋出籌碼，被散戶在不同的券商分點買走了。

　　籌碼分析的主力集中，或者籌碼發散的分析，從這個數據開始，再進行細部分析。

買賣家數差＝當天買進的券商家數－當天賣超的券商家數
買賣家數差<0，表示「賣」的人比「買」的人多，籌碼越集中
買賣家數差>0，表示「買」的人比「賣」的人多，籌碼越分散

　　主力買賣超必須和買賣家數差一起看，單看主力買賣超只能知道主力有在買入，卻不知道市場人有多少人在買跟賣。透過用買賣家數差，就可以知道市場是不是多數投資人都在賣，如是，主力又在買超，那麼就可以得知主力正在大量吸收籌碼，對股價未來表現是好事。

下圖以南亞（1303）說明，2020 年 11 月 10 日，南亞的股價穿越主力集中價來到線上，前面說主力集中價之上做多、之下做空。如今已站上集中價了，就要觀察籌碼狀況，發現前面有 6 天主力都呈現買超，買賣家數差都是「負值」，代表多數分散的股票都集中到主力手上，股價很可能突破向上。

圖 3-1-1　南亞突破主力集中價，之後果然有一段漲幅

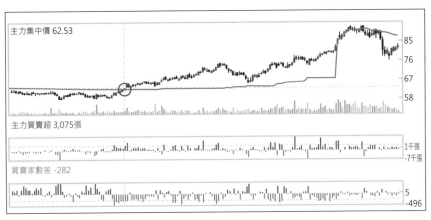

資料來源：豹投資

　　另一個例子，臻鼎-KY（4958）在 2021 年 4 月 8 日這天，股價向下觸及到主力集中價，這時就要小心，因為前面 5 天主力一直在倒貨，買賣家數差又都呈現「正值」，承接股票

的可能是散戶居多，果然隔天股價就下挫到主力集中線之下，那時就要做空或停損出場了。

圖 3-1-2　臻鼎-KY 跌破主力集中線，趨勢轉空

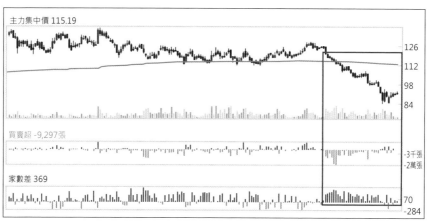

資料來源：豹投資

總結：

1、觀察主力是否呈現連續買超狀態。

2、看主力集中價，線上做多、線下做空。

3、看買賣家數差，「負值」表示籌碼集中，「正值」表示籌碼分散。

> 主力連續買大於賣、站上主力集中價、買賣家數差呈現「負值」，就可以考慮進場。

散戶買賣超

都資人應該都知道，股市有個羊群理論，就是散戶太多的地方，這檔股票不容易漲，為什麼？因為當一堆散戶都在船上的時候，很難開船，這些人會造成無形的賣壓，所以人多的地方不要去。把這個當作判斷進出標準，就是散戶介入太深的股票，千萬不要買，因為變數太多。

市場上最多的就是散戶，常常在新聞上聽到散戶又被當韭菜收割，散戶多半是市場上的輸家，因為缺少研究與判斷的能力，都跟著新聞、名嘴做股票。如果今天看到散戶一直買進一檔個股，那股價走勢就是掌握在散戶手中，散戶是資金少、分散的一群人，判斷力也不好，很難讓股價上漲。這就是為什麼要跟著主力、法人做股票，散戶買超指標要當成一個反指標，只要跟散戶對做，賺錢機率滿高的，甚至高於跟著法人做，真是令人感慨。

例如 2021 年 4 月 9 日，群光（2385）股價大跌，當天散戶買進爆大量，盤後資訊看到散戶進場、主力退場的資訊，隔天開盤一定要小心，因為散戶進場是一個反指標，況且主力又大賣，這就是不好的開始。果然隔天開盤後就一路往下跌，儘管你知道這家公司營收不錯，也要逼自己停損，避免讓自己越賠越多，因為股價上漲一定要有量，沒有大量資金是拉抬不動的。

圖 3-1-3　散戶大買、大戶退場，群光一路下跌

資料來源：豹投資

總結：

散戶是重要的反指標，跟著散戶做有八九成機率都是賠錢

收場,所以必須強迫自己跳脫散戶的圈子,因為股市是一個違反人性的地方,常常發生公司優異的財報出來後,隔天竟然反向走空,而散戶看到營收好的新聞就衝入市場買股。這時你一定要有堅定的心,不被新聞誘惑,跟著主力做才是正確的。

大戶與羊群持股

散戶的特色就是分散,大戶的特色就是集中,而一個大戶就能買上幾百張、甚至幾千張,所以籌碼比較集中。要怎麼研判大戶與散戶持股呢?

這裡要介紹大戶與羊群(散戶)持股,這個概念跟主力與散戶的買賣關係很像,一定是雙方站在對立面才有漲跌幅,大戶在買超時可以看出大戶已進場,但不能準確知道大戶與散戶持股動向。豹投資裡有持股折線圖,可輕鬆看出雙方目前持股比率上升與下降狀態,資料每周更新一次,投資人每周六就可以做功課,看到最新資料,幫助自己好好判斷。

大戶與羊群持股的參數可以調整,例如每個人對於大戶的定義都不相同,有人認 600 張、800 張,甚至 1,000 張才可稱

大戶。另外，有人會以股價 50 元當分水嶺，股價 50 以上要 600 張才叫大戶，股價 50 以下要 1,000 張才叫大戶。或用股價乘以張數，看要用 5,000 萬、一億元當標準都行，設計自己理想的指標

黃金交叉

當大戶持股由下而上穿過散戶持股，表示大戶持股比率增加、籌碼集中，有利上漲。

以微星（2377）說明，1 月 29 日，微星大戶持股由下往上

小辭典

大戶比率
持有單一個股的單一自然人或法人超過千張以上的張數與人數比率

羊群比率
持有單一個股的單一自然人或法人低於百張以下的張數與人數比率

穿越羊群持股，在此之前，長達 4 個月都是羊群持股在上，大戶吸收足夠的籌碼後，呈現黃金交叉，股價可能就會有一波上漲。1 月 29 日收盤是 130 元，過沒幾天股價果真是向上走，漲幅多達 20%。

圖 3-1-4　大戶與羊群持股黃金交叉，微星大漲一波

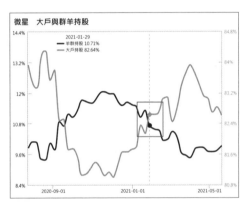

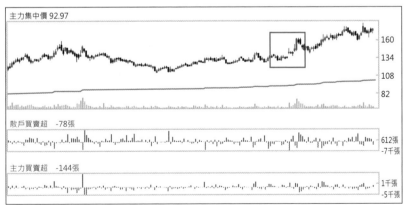

資料來源：豹投資

死亡交叉

　　當散戶持股由下往上穿過大戶持股，表示散戶持股比率增加、籌碼分散，不利上漲。一樣用微星（2377）來說明死亡交叉，在 9 月 11 日當周最後一個交易日收盤後，羊群持股向上穿越大戶持股，呈現死亡交叉，9 月 11 日之後，股價一度微微向上，就一路下滑了，建議新手投資人看到死亡交叉，就別再入場。

　　　　圖 3-1-5　大戶與羊群持股死亡交叉，微星大跌一波

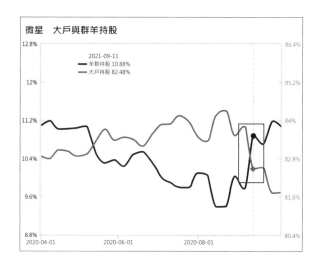

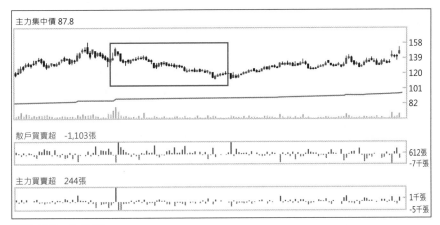

主力集中價 87.8

158
139
120
101
82

散戶買賣超　-1,103張

612張
-7千張

主力買賣超　244張

1千張
-5千張

資料來源：豹投資

總結：

1、當大戶持股由下而上穿過散戶持股，有利上漲。

2、當散戶持股由下往上穿越大戶持股，有下跌風險。

10% **如何確認外資、投信動態？**

即使法人買超，也不代表看好該個股，就像如果你身上有
10 萬元，你只投資 2 萬在 A 公司，投資 5 萬在 B 公司，因為

你認為 B 公司的上漲機率高，而選擇分配多一點資金投資 B 公司。法人投資也是一樣的道理，看法人買超時，不只是要看買超的量，買超占股本的比率與當天成交量也很重要。

如果同樣是買超 1,000 張股票，股價 10 元與股價 100 元的個股，花的資金就天差地遠，所以看買超時不要被眼前的數字給蒙騙了，必須深入了解法人買超的量占股本多少，或者花的資金是否很龐大，這些都是值得研究的。

外本比、投本比

觀察法人進出場動向，最直觀就是看買賣超張數，不過配合外資與投信所占的比率會更好。外資與投信所占比率分成兩種，一種是跟股本比較的「外本比」與「投本比」。

外本比＝外資買賣超張數／股本
投本比＝投信買超超張數／股本

另一種是與成交量比較的「外成比」與「投成比」。

外成比＝外資買賣超張數／成交量
投成比＝投信買超超張數／成交量

為何要看外本比及投本比，而不直接看買賣張數就好？理由很簡單，例如法人在市場上同樣買 100 張聯電及大立光，而大立光相較於聯電，股本比較小，也因此，後勢看漲的機會比較大。

另外，投成比及外成比的「成」，是指成交量，跟股本不同，更偏向市場積極度的評估標準。筆者常透過投成比觀察最近投信買什麼個股，再去看投信買完這些個股後，這些個股占投信持股比率多少。

當一檔個股投成比增加快速，代表投信大買增加持股，而這時投信持股比率才不到 2%，甚至更少，那可能市場上沒幾家投信公司對這檔個股有興趣，所以別急著出手，可以再繼續觀望。若持股比率到了 2% 至 8%，代表這檔個股在投信市場裡有集體共識，不只一家投信認同該股票值得投資，也已經買進等待上漲。若持股比率到達了 10% 以上，那意味著這檔個股在投信手上有一段時間了，股價也可能上漲了一段，這時再進場，可能會買在高檔，最終被套牢。

例如京鼎（3413）在 3 月 19 日當天，投信買了 794 張，

總成交量也才 1,612 張，投信就買了將近 5 成的量，但投信在近 10 日對這檔個股都沒動靜，突然在一天買這麼多，絕非無故大買，因此投信大量買進的個股，可能在短時間內受到市場矚目。

而投本比也增加至 0.64％，投本比在單日增加超過 0.5％都算多；最後查看這檔個股的投信持股比率為 2.46％，也在合理範圍。果真過沒多久，在 4 月初開始漲上去，幅度高達 20％。

圖 3-2-1　京鼎投本比提高，值得關注

股號	名稱	收盤價	成交量	持股張數	持股比例	外本比	投本比
5439	高技	66.4	2,230	2,335	2.72%	2.1%	0%
2337	旺宏	44.75	74,144	47,002	2.53%	-0.41%	-0.36%
8261	富鼎	58.4	18,486	2,048	2.52%	-3.79%	0%
5457	宣德	91.8	1,316	4,219	2.49%	-0.06%	0%
8155	博智	122.5	358	1,236	2.48%	0.09%	-0.11%
3413	京鼎	228.5	1,612	2,031	2.46%	-0.18%	0.64%
2883	開發金	10.0	155,130	347,573	2.32%	0.32%	-0.41%
8069	元太	54.8	22,685	25,899	2.27%	0.36%	0.04%
3189	景碩	90.6	5,821	10,092	2.24%	-0.78%	-0.05%
5425	台半	56.9	2,195	5,525	2.21%	0.08%	0.3%
1536	和大	107.0	1,427	5,550	2.18%	-0.24%	-0.01%

資料來源：豹投資 Pro

外成比、投成比、自成比

外成比、投成比及自成比，顧名思義就是法人占該個股成交比重的多寡。

外成比＝近 5 日外資買賣超／近 5 日成交量
投成比＝近 5 日投信買賣超／近 5 日成交量
自成比＝近 5 日自營商買賣超／近 5 日成交量（避險）

這裡要特別注意的是一點是自成比（避險），很多人常認為自營商買入股票，代表自營商看漲這檔個股，其實這個說法只對一半而已。自營商買入個股的目的有兩種，第一種就是自行投資，第二種就是避險。

自營商如何避險？

避險並非自己想要買進，而是配合「權證」的操作。所謂的權證，是證券商衍生性商品部發行給投資人的衍生性產品，可以用小錢創造出高槓桿。當投資人看漲某檔個股，買進看漲的認購權證，隔天這檔個股上漲，代表投資人賺錢，發行權證的自營商就會賠錢。

這時自營商就會採取避險措施，當投資人買進認購權證的同時，自營商也會買進相同價值的某檔個股。假設隔天個股漲了，自營商發行的權證賠錢，但可以靠著昨天買進的個股賺錢，彌補發行權證的虧損。相反的，假設個股隔天大跌，昨天所買進的個股賠錢，但可以從發行給投資人的權證中獲利，彌補個股的虧損。

投資人常有紅 K 棒的迷思，看到紅 K 棒，再加上法人買超，就會在隔天跳進去買。這裡要特別強調，看到這個情況，要注意自營商是否為了避險買入。如果是，自營商會在隔日早盤（9：00～9：30）把前一天的多單部位賣出，形成比較重的賣壓，若你認為這檔個股後市還看漲，建議在 9：30 之後再進行交易。

例如長榮（2603）在 2021 年 1 月 8 日，自營商共買超 6,882 張，而自營商（避險）買超 9,191 張，表示自營商自行買賣的張數是-2309 張，也就是賣超的狀態。而自成比（避險）當天從-1.04％飆升至 4.44％，為近期內最高。雖然隔天還是呈現紅 K 棒，但之後整體趨勢還是往下的。

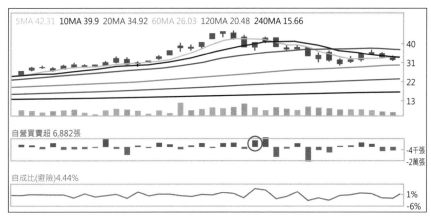

圖 3-2-2　長榮自成比飆升，進場要小心

5MA 42.31　10MA 39.9　20MA 34.92　60MA 26.03　120MA 20.48　240MA 15.66

40
31
22
13

自營買賣超 6,882張

-4千張
-2萬張

自成比(避險)4.44%

1%
-6%

資料來源：豹投資 Pro

10%　大股東、內部人持股

　　前面敘述了外資、投信、自營商等法人圈的操作手法，研究前一定要先確認買超與股本的占比，進一步理解外資、投信對於該個股有多大的信心。外資、投信就是市場上的法人，也就是資金充足的人，但是市場上也有像他們一樣資金充足的自

然人，簡稱大戶或公司內部人。最了解一間公司營運狀況的絕對是公司高層人員，也就是公司內部人，只要長期觀察內部人是否有持股越來越高的狀況，就能知道公司目前發展如何。

所謂大戶就是持有超過千張該公司股票的人，既然千張大戶持股增加，那表示該大戶可能有散戶不知道的消息，而提早布局。觀察大股東、內部人的持股增減狀態，可能會發現不一樣的事。

大股東持股變化

大股東通常持股超過 1,000 張，也叫千張大戶，大戶因為擁有公司較多股票，一舉一動都關係著公司的股價，散戶投資人不像公司經理人或大股東可以清楚知道企業的營運狀況，但又想要買到好股票，這時觀察大戶的持股動向，就是一個不錯的方法。

「大股東持股變化」從持股的張數、金額、人數來觀察大戶的變動，條件也依照投資人的持股張數多寡進行分級，分析各等級大戶在一周內的持股加總變化。每一周的大戶持股比率最好是增加的，因為千張以上大戶除了資金雄厚之外，他敢買

這麼多，也代表他有一些我們還不知道的第一手資訊。這些人敢大量地買進，後面可能還有源源不絕的資金投入這檔股票，推升股價，或是他很有把握公司基本面會轉好，將吸引更多不隸屬於他資金圈的買盤。

股價的推升，當然需要這些大量資金，所以大戶的持股比率如果能夠持續增加，那對股價的發展偏向正面的。所以每周六早上集保中心公布的大戶持股比率增減數據，投資人就要密切追蹤。這是基本功課，非做不可。

接著觀察大戶的布局，大戶是誰呢？前面提到，持有單一個股超過 1,000 張的人，他符合幾個條件：第一，他資金一定是足夠的，以鈊象這檔股票為例，在 2020 年初，一張要四、五十萬元，買 1,000 張要花 4、5 億元，足見他們資金雄厚，而且後面可能還有更多的資金。第二，他敢買這麼多，表示他有一些參考價值很高的資訊。

股價未來是否漲升，在於有沒有資金源源不絕地持續進駐，而千張大戶的比率持續增加，就代表了這個動作。大資金如果持續增加，投資人的獲利目標就可以提升，從 10% 提升

到 15%，從 15% 提升到 20%，甚至可以提高到 30%。

但有時候千張大戶持股比率下滑，可是股價還在漲，因為大戶有時會做持股的調整，並不是要退場，他可能只是要去換一些資金回來，比如每年的 5 月報稅，或是年底收支總結，需要用到比較大量現金，大戶就會做一點點調整。

所以千張大戶持股比率下滑，也不用緊張，要立刻去觀察 800 張大戶，如果 800 張也下滑，可觀察 600 張，600 張就是大戶的警戒線。因為大戶原本持有 1,000 張以上的股票，減少到 600 張以下，代表已經出場一半了，這時候你就要特別留意。如果你發現 1,000 張、800 張、600 張大戶持股比率都在下滑的話，那毋庸置疑，大戶就是在落跑，那你手上的持股有賺到 10%～15%，就要趕快獲利出場。

內部人持股比率

內部人持股比率是統計董監、內部人每一個月的持股變化，公司必須每個月公布前一個月內部的關係人持股變化，看看有無大量買進或賣出。董監就是該公司的董事、監察人，均為董事會成員；內部人是公司的高階主管，像是副總、協理

等。最了解公司的永遠是董事會與經營階層，比外部投資人更快知道公司現狀，所以每個月觀察內部人持股比率是散戶很好的參考指標。另外，有些內部人會利用公司的第一手消息來炒股票，就是俗稱的「內線交易」。內線交易這種行為是違法的，可是在現實社會中，很難完全根除，也很難認定。

董監與內部人必須每月向公司及主管機關申報並公告持股數，如欲轉讓持股，必須事前向主管機關申報，申報後 3 個交易日始得在集中市場或證券商轉讓持股。這些「內部人」須申報的持股，除了本人名義持有的股數外，配偶、未成年子女及利用他人名義持有的張數，也必須納入申報範圍。內部人持股增減受到許多法律規範，每一筆內部人買進賣出，都會逐一被攤在陽光下，一方面是保護投資人，一方面是避免這些高層隨意進出，造成股價起伏不定。

內部人持股比率的增加，一方面是高層相信公司會越來越好，而買進自家公司股票。另外還有一些原因也會造成高層買進或賣出股票，以下介紹哪些內部人的操作，會影響未來股價走勢：

轉讓

例如星宇航空董事長張國煒，在 2021 年 2 月起開始賣掉長榮航空的股票，把資金挹注到星宇航空，因為張國煒曾經是長榮航的董事長，也是大股東，如果他要賣掉長榮航空所有持股，就必須先看看他總共有幾張持股。

張國煒持有將近 34,000 張長榮航，市值高達 4.75 億元，想要把長榮航空的股票賣掉，就要先去申請持股轉讓，才可把這些股票都賣給特定人。那會不會影響股價呢？事實上多少都有影響，因為當時新聞就寫到「長榮航的股價創下了波段新低」，所以發現有大股東或有關鍵內部人要大量轉讓、賣出這家公司股票的時候，市場就會開始思考「為什麼大股東要賣掉這些股票？是不是公司未來的發展不好？」那就有可能造成股市的賣壓。

另外，在 2018 年 7 月，國巨的股價漲到高點 1,300 元的時候，傳出國巨董事長陳泰銘的前妻賣掉了 1.2 萬張國巨持股，換了 120 億的現金。此舉驚動了市場，使得股價從 1,300 多元大幅下跌。這裡就可以說明，只要有人大量賣出一家公司的股

票，只要量夠大，就會產生一定的賣壓，那股價就很難繼續收穩在高點。

雖然之後證實陳泰銘的前妻並非董監事或內部人，所以不需要申報轉讓。這裡要特別說明，雖然關鍵內部人要賣股票的時候，一定要事前申報轉讓，提醒市場投資人，但從單一窗口丟出太多的股票，一定會產生不小的賣壓。

質押

介紹完「轉讓」，再來就要緊盯「質押」、「質借」這兩個指標。2018 年，時任金管會主委顧立雄就緊盯某幾家公司大股東的質借比率過重，例如南山人壽。為什麼要緊盯質押比率是否過高呢？

質押是大股東可以做的動作，大股東可以在不賣股票的前提下，用股票去跟銀行換錢。怎麼換呢？由於大股東或關鍵內部人要賣股票，必須申請轉讓，這些轉讓有一定的流程，而且市場會緊盯轉讓狀況。如果這些大股東或內部人必須用到一筆為數不小的金額，又不想轉讓賣出股票，就可以拿他手上的股票去跟銀行質押，避開申報轉讓。

如何質押？

假設國巨大股東在股價 1,300 元的時候，以市價一張 130 萬元的股票跟銀行質押 1,000 張，這些持股市值高達 13 億元，大股東可以跟銀行說：「這 13 億元的擔保品，跟你借 10 億就好了。」銀行評估，至少還有 3 億的空間做為緩衝，所以就把 10 億元借給了大股東。

這樣的質借是否會債留銀行呢？如果股價持續下跌，銀行會覺得，當初借給大股東 10 億元，但質押的股票擔保價值變少了，銀行可能會要求大股東來補足金額。舉一個比較誇張的案例來說明，國巨股價從 1,300 元跌到後來只剩下 3、400 元，原本股票 13 億元的市值只剩下 3、4 億元，可是銀行已經借給大股東 10 億，那中間的 6~7 億元的差額，由誰承擔？當然就是當初借款的銀行，那銀行一旦吸收這個爛帳，又由誰來承受呢？當然就是由該銀行全部的股東或客戶承擔。

所以一旦發生大股東質借的比率過高，投資人就要思考，為什麼大股東要把這麼大量的股票拿去換現金？換來的現金會用到哪裡去？不論如何，大筆的質借，就是一種異常現象，所

有的異常現象都需要特別關注。

公司鬥爭

台灣有很多公司都是家族企業，像台塑集團、統一企業、東元電機，都是知名的家族企業，只要到有人要退休或移轉經營權時，常常會發生家族鬥爭事件。由於經營理念不合，就會召開股東會來投票選出適任人選。

如果大股東手上的持股比率太低，必須到市場上買回更多的持股，避免經營權被奪走，這有可能造成股價上漲一波。為什麼？當越多人在搶買股票時，股價就有可能會順勢往上漲。這也是為什麼有些董監事持股太低的股票，一旦面臨董監改選，可能會有潛在性買盤，因為董監事的持股太低，怎麼抗衡別人的投票權？

公司派和市場派

「公司派」指公司內部的經營人。「市場派」指持有該公司的股票，但不在該公司工作，也不屬於該公司董事會、經營階層的投資人。

常常聽到有人說不要買入一家內部人持股比率低的公司，因為可能連內部人都不看好自家公司前景，不然怎麼不長期投資自己最熟悉的公司？另外，也很容易被其他投資人介入搶奪經營權。2020 年 10 月大同的公司派跟市場派搶奪經營權，最後市場派獲得勝利，是一個經典案例。

為何要搶奪經營權？跟股價有何關係？

公司的重大決議，原則上都要股東的同意才行，常以投票的形式取得最後結論，投票的結果取決於持股比率，也就是商場上常說的，誰出的錢多，誰的權力就比較大。畢竟公司的營運都來自股東的出資，出越多錢的股東承擔風險也較大，當然投票權就較多。

大同公司當時最大股東持股比率才 8.73％左右，內部人持股才 3％左右，內部人明顯持股比率過低，代表流通在外股數過多，很容易讓有心人士買入股票增加持股，形成市場派與公司派的對立。

「公司派」因為對公司有感情，儘管營收再怎麼差，也會

想要爭取更多時間轉型，讓公司穩定營運下去，但有時候也是在掩飾自己的經營無方。相反的，「市場派」可能趁火打劫搶經營權，以經營不善為由召開股東會議，要求撤換董事，內部人因為持股比率低容易被撤換，換上市場派的人；但市場派也有可能找來更優秀的經理人，將公司經營得更好。所以究竟是禿鷹等級的市場派，只想把公司名下的土地、廠房等值錢物品，**變賣換取現金**；或是真正願意投入資源，**轉換公司經營方針**，讓營運表現更好，每個爭奪經營權的案例中，都是不同的狀況。

總結：

內部人持股比率增加可能是公司高層對未來前景看好而買入，可以持續觀察公司營收是否轉好？買入者屬於哪種類型的股東？另一個觀察的重點，最近公司內部是不是有紛爭？不能確定狀況時，要避開有紛爭的公司，以免掃到颱風尾。

股懂券商、豹盈券商

上述都是市場上基本的籌碼分析，這裡要介紹一個比較特別的分析方式，就是豹投資獨特的股懂、豹盈券商分析法。每檔個股都有擅長操作的人，豹投資就是利用豹盈券商的方法，把市場近 N 日獲利最多的 10 家券商分點，從個股的買賣超情形，了解這些賺最多券商對個股的看法，哪些券商買超多？哪些券商賣出個股？進一步判斷哪派人影響股價。

而股懂券商利用個股在近 N 日獲利最多的分點，以當天獲利金額、報酬率排名。股懂券商是最懂個股操作的主力分點，可以透過「股懂券商排行榜」，快速了解重點主力的獲利金額與 N 天投資報酬率。以獲利金額和報酬率排名的背後意義不同，獲利金額主要找到「大者恆大」的分點，因為資金多，所以獲利金額相對高。以上兩種分析法是為了找出操作該個股最厲害的專家與賺最多的贏家，跟著這些內行人操作，搭上一部又一部的超快順風車。

股懂券商

顧名思義是最了解某檔個股的券商分點，可說是內行的專家。當有個券商特別會操作某檔個股，投資人一定會好奇這家券商買進這檔個股的時機與數量，只要跟著他買，自然容易獲利。

市場的股懂券商

透過豹投資的股懂券商，可以得知全台哪個券商在單一個股獲利最多，以及這家券商是買哪檔個股獲利的，甚至還有分點成本與報酬率。

以台康生技（6589）為例，可以看到 2021 年 4 月 8 日，兆豐寶成這家分點券商在單一個股獲利最多，而這檔個股為台康生技。同樣的，元大台北在單一個股的獲利次多，個股同樣是台康生技。此時的股價通常位於高點，這時可以觀察當時的股懂券商賣出或持續買進，若沒有賣出，或在高檔持續布局，就會是投資人可以留意的飆股候選人。

圖 3-4-1　市場上操作績效最好的股懂券商

市場→股懂券商→日期調至 2021／04／08

股懂券商 2021年04月08日

券商名稱	名稱	損益(百萬)	分點報酬率	股號
兆豐寶成	台康生技	86.41	63.6%	6589
元大台北	台康生技	50.56	67.28%	6589
元大東門	先進光	20.18	81.11%	3362
第一金台中	福華	16.7	54.04%	8085
元富延平	麗臺	11.16	51.35%	2465
國票內壢	AES-KY	9.18	57.81%	6781
凱基信義	台康生技	9.06	55.25%	6589
德信	佶優	5.93	102.46%	5452
彰銀	台康生技	4.16	52.8%	6589

資料來源：豹投資 Pro

個股的股懂券商

每檔股票都有比較會操作的券商，也就是它的股懂券商。當一檔個股在短期內出現主力散戶對做的情況，且又有股懂券商介入的話，當然要多加注意。

以官田鋼（2017）為例，在 2021 年 4 月 8 日當天，可以觀察到主力已經連續買超 4 天，散戶連續賣超 4 天，且主力在整個 3 月都持續布局，散戶也持續呈現賣超，而在股懂券商方

面，也持續買超。

圖 3-4-2　官田鋼股價走勢與股懂券商買賣超

將個股儀表板的日期縮至 2020／12／07 到 2021／04／23

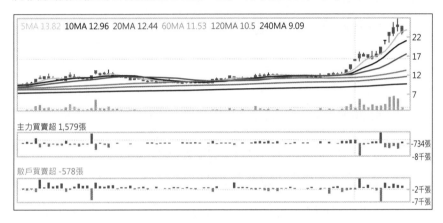

將股懂券商買賣超日期調至 2021／03／02 到 2021／04／08

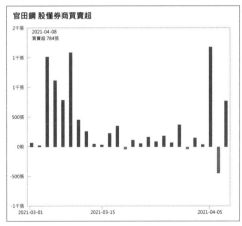

資料來源：豹投資 Pro

豹盈券商

豹盈券商買賣超（市場）

所謂豹盈券商，是指市場中獲利最多的券商，跟股懂券商不同的是，股懂券商是針對單一個股的獲利進行比較，而豹盈券商則是全體券商的整體投資績效（不拘個股），比較獲利金額大小。

例如 2021 年 5 月 27 日，在券商買超排行榜中，凱基台北為買超第一的豹盈券商，如果長期關注豹盈券商的投資人，就可以發現凱基台北是豹盈券商買超排行的常客，像這類券商就很值得投資人注意。另外，也可透過豹盈券商（損益排序），留意哪幾家券商獲利最多。

圖 3-4-3　市場上的豹盈券商排行榜

市場→豹盈券商→日期調至 2021／05／27

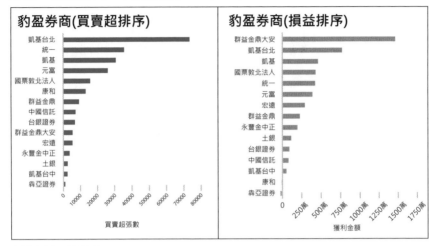

資料來源：豹投資 Pro

豹盈券商買賣超（個別）

　　每檔個股有最會操作的股懂券商，也有獲利最好的券商。同一檔個股在不同期間，豹盈券商給予的態度也會截然不同。當整體豹盈券商買超明顯大於賣超時，這檔個股可能還有獲利空間；而當整體豹盈券商賣超大於買超，不代表這檔個股不好，而是在短線獲利機會不太高。

　　以中鋼（2002）為例，可以發現在 2021 年 3 月 10 日，整體市場的豹盈券商，賣壓是大於買氣的，這檔個股在那時還沒

什麼動靜，股價稍微下跌後進入盤整區間。而在 2021 年 4 月 14 日，整體市場的豹盈券商，買氣明顯大於賣壓，只有 1、2 家豹盈券商呈現賣超的狀態，買超最多的券商分點，富邦總公司，也在當時一次買進了 22,534 張。雖然當時股價位處高檔，但從後面的走勢來看，確實會持續向上。

图 3-4-4　中鋼的豹盈券商買賣超與股價走勢

豹盈券商買賣超日期調整至　　　豹盈券商買賣超日期調整至
2021／03／10　　　　　　2021／04／14

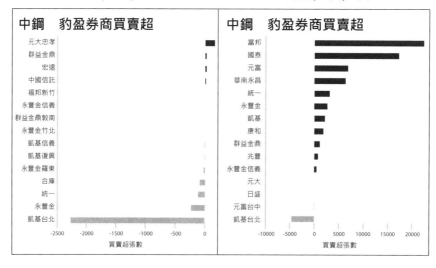

個股儀表板調整日期 2020／12／07～2021／05／04

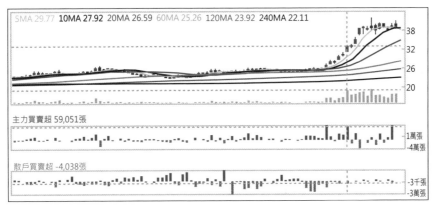

資料來源：豹投資 Pro

10% 追蹤公司派或股懂券商：券商分點分析

　　在找尋個股投資時，必須觀察主力或是法人是否買超，因為這些資金充裕的人進場，股票才有上漲機會。透過券商分點的觀察，就可以輕鬆知道哪家券商正在大量買入、賣出；透過券商分點，也可以找出該個股的股懂券商是否正在買入，增加找到股懂券商的機率。

很多人聽到公司實施庫藏股而就會買入該檔個股，但這樣可能就成了大戶的出貨對象，其實只要透過券商分點觀察，在公司宣布實施庫藏股的這段期間，有沒有某一間券商連續大量買入，就可以知道公司是否有確實執行。以下就要教大家如何透過券商分點找出主力。

券商分點買賣超統計

　　這個資料全世界只有台灣才有，因為只有台灣的證交所會公告券商分點資料。究竟什麼是券商分點資料呢？

　　各大券商在全台都有分公司，而這些分公司都是所謂的分點，目前全台灣有大概 900 多家的分點，而每一個投資者，不管是政府、法人、外資、大戶，要交易股票，一定要透過券商分點送出委託單，所以券商分點資料會公告每一個分點當天交易了哪些股票、多少張數，以及它的成交價位。這些資料整合起來就會形成一個非常龐大的籌碼數據分析庫，而這些資料可以從哪裡查到呢？

　　台灣證交所跟櫃買中心都有公告券商買賣日報表，投資人可以去查詢，每一檔股票、每一家券商的進出都有，以前是手

抄版，就是必須自己到證交所去查資料，從 2010 年底到 2011 年初，開始公告買賣日報表的電子檔之後，才有人把這些資料整理成數據庫，提供籌碼分析。

地緣券商

券商分點可以再做進階分析，首先，可以追蹤是不是有公司派的影子，因為每一間公司或工廠的成立，都有地緣關係，而可以得到第一手資訊的大戶通常都會跟公司有或多或少的關係。而集中在某一區的大戶們，如北區、中區跟南區，他們會互相交換資訊，可能會聯合留意某一檔股票，這種有地域性、地緣聯合買超的，會比較好操作。

建議各位投資人可以追蹤南區的大戶，也就是高雄、台南一帶的大戶，為什麼？因為南部的大戶相對還是比較憨厚，他不怕人賺，要嘛就大家一起上車賺。中部的也可以，只是他們的操作比較快，散戶看得到，操作也要快。北部的就比較不建議去追蹤，因為北部的市場派會交互換券商，非常難捉摸。

這些本土的大戶，你去搭他們的順風車，基本上都還搭得到。

還有一種是券商的常勝軍，他們操作某一些股票就是特別厲害，勝率非常高，如果發現某些券商針對某些個股有特別進出的狀況，你也可以追蹤這些常勝軍的券商分點，搭他們的順風車，也都是有機會獲利的。

　　全台灣以台北市的券商最多，所以台北市的地緣券商很難分辨是真是假，中南部就比較容易分辨，因為中南部的人口密集度不如台北市高，所以券商分點也不會設很多，方圓幾十公里可能才一家券商，所以中南部的地緣券商很容易就可以辨別出來。

特定券商辨識三大法人、公司派及大戶：

三大法人

　　外資相對是比較好辨識的法人，因為他們就是透過國外券商下單，例如：花旗、美林。而且外資通常是對權值股下單，買進或賣出的交易量都很大。所以如果研究台積電（2330）時，從分點券商買賣明細發現花旗等國外券商當天買進大量股票，台積電的股價也呈現上漲趨勢，那可以推論當天的上漲是由外資支撐。

投信跟自營商雖然比較難辨識，但是記得一點：法人通常會從券商總公司下單。搭配三大法人買賣超，還是可以觀察法人對個股的看法。

公司派

公司派最好辨認的方式是根據地緣關係。全台灣有許多家券商，而且大多集中在北部，但如果發現當天主要買進該個股的分點券商在中南部，而且離個股的總部不遠，就能大膽推測，可能是公司派的大股東或內部人已經先有一些消息，看好個股日後的發展。這個方法主要應用於中小型股，通常只要幾家主力券商就能影響股價。而且總部不在北部的公司，透過分點券商推估是公司派的機率很高。

主力大戶

大戶是指每次進出股市，都帶著上百萬、千萬元交易的個人戶，券商傳統認為「單月成交量 5,000 萬元」就是大戶。

通常大戶都有自己習慣交易的證券商，雖然不曉得這個大戶是誰，但長時間研究個股，發現某個券商分點常常波段性買賣該個股，同樣也能觀察出大戶進出的動態。

誰會買入該公司股票？

如果你是在那家公司上班的員工，最近這 3 個月很常加班到很晚，而且看到工廠的貨一直出，你會不會覺得公司業績進步了，而想去買入自家公司股票。你如果是住在公司隔壁的鄰居，發現每天到了半夜工廠燈都是亮著，而且白天進出的人、車都比平常多出了兩倍以上，你應該也會覺得不太尋常吧。

如果某一地緣券商持續買入該檔股票，就可推斷是不是有人持續買入。如果是的話，那就要納入觀察名單，股價可能某一天會突然漲上去。

例如 2020 年 11 月 2 日到 2021 年 4 月 6 日，統計官田鋼的總買超張數與券商，可以看出致和府前在這段期間買入了 15,004 張、買超金額達 1.7 億元，再看到第二家買超最多的券商是致和，買入 858 張、買超金額 1,500 萬左右。這段期間中，第一名跟第二名買超券商的張數落差高達 20 倍，這就有點奇怪，為什麼該券商會一直買入，是不是有地緣關係？

圖 3-5-1　官田鋼第一名買超券商，張數比第二名多近 20 倍

券商代號 ⇕	券商名稱 ⇕	買超金額(百萬) ⇕	買超張數 ⇕	買進均價
7033	致和府前	173.33	15,004	11.48
7030	致和	14.78	858	11.84
104C	臺銀高雄	10.61	908	11.62
9623	富邦台北	7.28	513	12.53
1440	美林	6.12	549	11.36
8888	國泰敦南	5.86	475	11.84
1118	台灣企銀豐原	5.45	503	10.83
779Z	國票安和	5.36	367	12.62
888K	國泰板橋	4.86	399	11.89

官田鋼 券商買超統計 ❓ 🕐 2020-11-02 ~ 2021-04-06

資料來源：豹投資 Pro

　　下圖是 2021 年 5 月 22 日的資料，往前推 100 天的區間中，系統列出平均報酬率前 20 名的券商分點，致和府前排在第二，平均報酬高達 17%；股懂次數也多達 85 次，比報酬第一名的台灣企銀豐原還多出 25 次，所以在股懂券商這方面，致和府前的可信度算是很高的。

再來我們就要查看是否有地緣關係？

資訊顯示，致和府前分點跟官田鋼公司距離只有 4 公里，以地理位置查詢很快就確定地緣性了。前面有說到，最會操作官田鋼的券商也是致和府前，平均報酬率有一成五，這間券商很可能就是幕後的關鍵控盤者，只要持續追蹤這家券商的進出，應該也能獲利。

圖 3-5-2　操作官田鋼的贏家券商，與公司有地緣關係

股懂券商報酬率排行榜 ❓			〰 C ↓
前 N 名：20 ⬍　區間天數：100 ⬍		送出	
券商代號⬍	券商名稱⬍	平均報酬率⬍	股懂次數⬍
1118	台灣企銀豐原	17.78	60
7033	致和府前	16.63	85
7030	致和	14.94	25
116c	日盛豐原	14.66	1
9A9P	永豐金竹北	13.64	3
6114	台中銀員林	11.61	3
989C	元大板橋	11.45	1
700C	兆豐來福	10.95	32
116i	日盛樹林	10.49	31

資料來源：豹投資 Pro

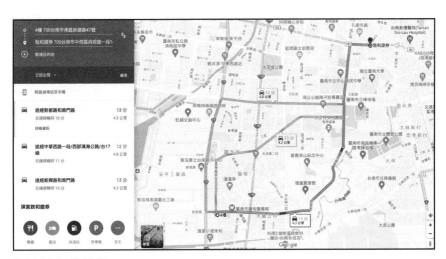

資料來源：豹投資 Pro

　　4 月 6 日量能開始慢慢出現，當天收盤還將近漲停板，表示可能是起漲訊號。再來觀察產業面關係，官田鋼屬於鋼鐵業，國際鋼鐵報價上漲，同性質的產業中鴻、中鋼早已漲很多了，對比官田鋼目前股價還在低基期，況且籌碼面又很好，4 月 6 日之後，股價就出現一波向上漲的攻勢，漲幅高達 100％。

圖 3-5-3　產業佳、低基期、籌碼優，官田鋼大漲一倍

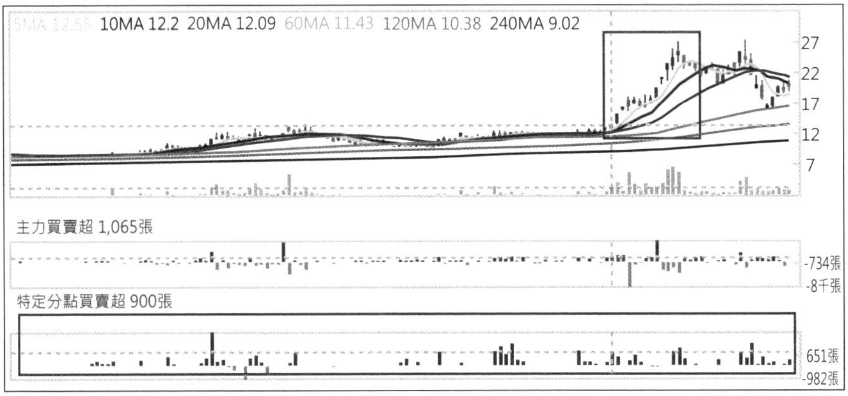

資料來源：豹投資 Pro

　　觀察一檔股票時，記得去看一下券商分點買賣超統計，如某一券商一直買入，那就要再查這家券商過往是否也有大量買入之後，造成股價上漲，或是去看股懂券商報酬率排行榜，這家大量買入的券商是否在股懂券商報酬率排行榜的前幾名。看股懂券商報酬率可以知道哪一家券商擅長操作這檔股票，只要跟著這家券商一起買入，有很高的機率可以一起賺錢。

實施庫藏股

　　公司實施庫藏股最重要的原因，就是認為公司的股價被低估了，代表公司要護自己的股價，很多投資人都會認為說：

「公司都認為股價是低點了，那我是不是也可以跟著去買一些庫藏股？」但要特別留意，公司宣布實施庫藏股，不一定表示就會買足庫藏股，為什麼呢？

如果公司認為要實施庫藏股，代表公司股價過低了，那公司買進的價位原則上就不應該再跌破，甚至很多時候，實施庫藏股的股票是不會再賣出來的，所以公司就必須力守執行庫藏股的均價。所以投資人可以找出執行庫藏股的券商，首先研究該公司有沒有確實執行庫藏股？有確實執行，代表公司對未來的發展是有信心的。其次，公司買進的均價如果能夠站穩，那對於往後股價的長期發展，絕對是正面的。

接著觀察主力布局，如果只有一天大買，後面就沒有買了，就不是很好的主力布局手法，為什麼？他只大量買進一天，如果後續沒有大量的買盤進場，搞不好主力認為後續股價的發展並不順利，投資人不好掌握進場的時機，而且主力的買盤也無法持續推升股價。如果買個一兩天，之後四五天都不買，這種間歇性大買也沒有比一天大買好到哪裡去，因為無法得知主力下一次再買進是什麼時候。這種一天捕魚、三天曬網

的走勢，會讓股價的推升速度非常慢，也很難掌握籌碼。

最好的狀況是連續性大買，或者是連續性買超，因為連續性大買，買盤火力才會比較旺盛，投資人比較好掌握。主力敢持續性大買，也代表他得到第一手的資訊，或對於未來的發展是有信心的，所以必須趕快布局完成。以下舉例說明：

案例 1：宏達電

宏達電（2498）股價曾經最高到 1,300 元，一路跌到最低只剩下 30 元，在股價不斷下跌的時候，宏達電也提過要實施庫藏股，可是當公司實施庫藏股的時候，股價還是跌跌不休，回頭觀察公司實施庫藏股的期間，並沒有券商大量買進。

公司如果要實施庫藏股，通常會集中在某一個券商的某一個分點，大量買進自身公司的股票，如果透過券商分點，並沒有發現大買的狀況，那就可以合理懷疑，公司並沒有認真執行買進庫藏股。既然連公司都不認真執行庫藏股，那可能只是出來喊一喊，然後看股價會不會自然止跌，之後再做決定。所以宏達電在公司宣布實施庫藏股後，股價仍跌跌不休。

圖 3-5-4　宏達電庫藏股執行不力，股價無法止跌

董事會決議日期	預定買回張數	買回價格區間-最低	買回價格區間-最高	預定買回期間-起	預定買回期間-迄	本次已買回張數
2016/05/14	40,000	47	70	2016/05/16	2016/07/15	7,050
2015/08/24	50,000	35	60	2015/08/25	2015/10/24	4,110
2013/08/02	15,000	140	290	2013/08/05	2013/10/04	7,789
2011/12/20	10,000	445	650	2011/12/20	2012/02/19	6,914
2011/07/16	10,000	900	1,100	2011/07/18	2011/08/17	10,000
2011/07/16	10,000	900	1,100	2011/08/18	2011/09/17	10,000
2010/10/29	5,000	565	850	2010/12/01	2010/12/31	0
2010/10/29	5,000	565	850	2010/11/01	2010/11/30	5,000
2010/07/11	10,000	526	631	2010/07/13	2010/09/11	4,786

資料來源：豹投資 Pro

案例 2：群創

　　群創（3481）在實施庫藏股的兩個階段中，從 2019 年的 7 月中到 10 月中，有一家福邦券商（6480）大量買進了將近 11 萬張，可以研判公司確實是有在某些券商大量地買進公司股票，福邦就是其中一個。

　　要怎麼判定呢？基本上可以觀察實施庫藏股的券商，群創的股務代理是福邦證券，所以公司可能透過福邦大量買進群創的庫藏股；甚至兆豐-竹北（7007）也有可能，因為兆豐-竹北在庫藏股第二階段的時候，也大量買進群創的股票。所以兆

豐-竹北跟福邦，都可能是群創實施庫藏股的券商。

　　找到實施庫藏股的券商後，接下來要怎麼觀察呢？首先觀察買進均價，兆豐-竹北買進均價是 7 元，福邦買進均價是 7.5 元；再來觀察這兩家券商買入的時間點跟張數是否很集中。到了這裡可以確定，群創真的有在回收庫藏股，所以股價未來可能上漲。

　　那投資人要在什麼時機進場才安全呢？這時就要看是否有主力也入場，因為公司買回庫藏股的張數有限，如果有另一批主力資金介入，股價漲速會更快。在公司前期收購時，主力都是賣超，籌碼集中度也不到 10％；到了後期，兆豐-竹北收購完成後，就可發現慢慢有主力買進，而且籌碼集中度上升。這時投資人就可以慢慢進場布局，千萬不要一聽到公司發布收購庫藏股的消息，就瘋狂買入，可能造成反效果。

圖 3-5-5 特定券商大買、主力也進場,群創庫藏股玩真的

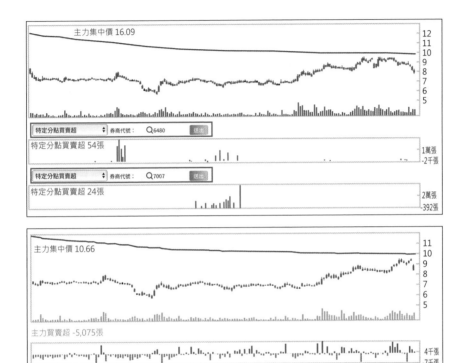

資料來源:豹投資 Pro

10% 選當沖標的，要看區間周轉率

好不容易辛苦研究，終於選到一檔股票，等到適合的進場點買進後，也如預期往上飆漲。但是這檔股票會漲到多高？會不會今天沒賣掉，明天就跌了？

買進點是一門學問，賣出點更是人生課題之一。所以，這小節要向大家介紹的籌碼指標是「區間周轉率」，利用區間周轉率找出近期交易熱絡的個股，因為當沖最怕的就是賣不出去，所以要找周轉率高的個股。

也有很多投資人會利用當沖放空個股，這裡把融資融券一併說明。股市熱絡時，很多人會利用融資融券放大部位操作，但隨之風險也變大。該如何操作如當沖、融資融券的高風險投資？

區間周轉率

區間周轉率=N 日成交金額／個股市值

區間轉周率的概念就類似財報上的存貨周轉率，說明某一段時間該物品的轉手率。在股票市場上，區間周轉率＝近 N 日的成交金額／個股市值，當近幾日的成交金額越大時，表示交易越熱絡，區間周轉率就越高。這個現象是好的，因為一檔個股有好的流動性，表示交易熱絡，越多人認同它的市場價值。

　　相反的，如果一檔較冷門的股票，平均每日成交量不到千張，那麼該個股的區間周轉率就會偏低，不適合投資人操作。

　　區間周轉率低時，說明該個股在市場上交易不熱絡，但可以觀察主力、大戶是否有在慢慢吸收籌碼，如果有，可能就是在吃貨，可以加入觀察名單。常用的觀察天數與周轉率：20 天不超過 50％，一般情況周轉率須低於 20％，若以 5 天計算的話，以不超過 15％較安全。

如何使用區間周轉率？

　　了解區間周轉率的意義後，接下來要說明如何搭配使用。區間周轉率只能說明一段時間內的交易熱度，無法知道買方、

賣方是誰。如果買方是散戶，那上漲機率就偏低，如果買方是主力、大戶，那該股可能就會有明顯的上漲波段。

要確認買方是誰，就要用籌碼集中度來確認，是否真的有主力介入，筆者比較偏向用 5 日的籌碼集中度，如果近 5 日籌碼集中度將近 10％，表示主力買盤的力道是強的，再去看看區間周轉率是不是逐漸提高。如果兩者都符合的話，表示該個股就有機會成為熱門股。

區間周轉率過高，炒作機率高

區間周轉率要高才有熱度，但也不是越高越好，當區間周轉率大於 50％，就有可能被過度炒作。超過 50％意味這幾天成交量已超過個股股本的一半，轉手率太高，股價漲很快、跌也很快。當籌碼集中度逐漸由買超轉為賣超時，就要小心過度炒作，導致股價反轉下跌。

以航運股裕民（2606）為例，它在 2021 年的產業面數一數二的好。下圖可以看到 3 月 29 日這天，裕民的區間周轉率是 5.87％，數字不是很高，但從籌碼集中度看到，主力一直買入該股，籌碼集中度都維持在正值，表示買進力道是緩慢、持

續的，說明這些主力可能有不為人知的消息，讓他們持續買入。

圖 3-6-1　裕民區間周轉率不高，但主力持續買進

資料來源：豹投資 Pro

從主力、散戶的買超情形來看，得知主力、散戶是對做的，籌碼面是好的；而周轉率 5.87％說明籌碼集中度是夠的，再加上主力、散戶對做，可以得知周轉率低不是沒有熱度，而是這些主力緩慢地吸收籌碼，而且是在市場投資人不知情的情況下買入，未來上漲機率都是很高的。

果然 4 月 16 日後就一路往上漲，表示主力吸收足夠籌

碼，周轉率也提高，市場上有更多投資人關注到這檔股票了。

圖 3-6-2 　主力吃夠籌碼、周轉率提高，股價漲一波

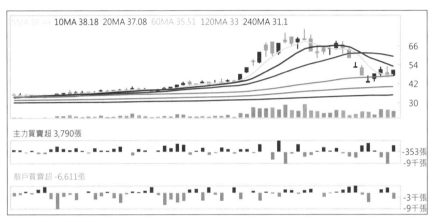

資料來源：豹投資 Pro

總結：

1、區間周轉率越大，表示股票在市場交易越熱絡。

2、區間周轉率＞50％，要小心過度炒作。

3、區間周轉率搭配籌碼集中度，有機會找到即將上漲的
　　個股。

當日沖銷

什麼是當日沖銷（簡稱當沖）？就是對同一檔個股，做當

日的低買高賣，或是高賣低買，賺取當日的價差、降低波段風險、快速獲利的操作。

圖 3-6-3　什麼是當沖？

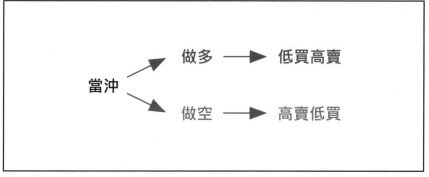

資料來源：作者整理

　　股票當沖是在當日收盤前完成交易並結清帳戶，交割帳戶中並沒有任何的資金需求。因此股票當沖又被稱作「無本交易」，交割後的損益仍需進行交割。

　　不是每個投資人都能操作當沖，必須符合以下規定：

1、開立受託買賣帳戶滿 3 個月，且近一年內委託買賣成交達 10 筆（含）以上。

2、投資人要跟自己的證券經營商訂定風險預告書跟委託書。

當沖這項操作主要是讓投資人避險用的，因為股市很難說今天漲，明天就一定會續漲，可能會爆發一些黑天鵝事件或系統性風險，而導致全球股市崩盤，所以今日事今日畢的當沖，就可以避開這樣的風險。因為是當日沖銷，收盤後任何的不確定因素，都不會對投資人造成影響。因為是無本交易，所以有些人追求高報酬，會使用很高的槓桿比率，帶來的就是高風險。

　　例如 2021 年 5 月 12 日，台股創下史上單日最大跌點，盤中有 200 多家跌停板，台積電當天跌幅達到 9.28％，當天投資人如果以當沖的方式操作，收盤前一定要賣出或買回，將面臨龐大的損失。

　　5 月 12 日台股大跌，5 月 14 日交割日當天，違約金額也來到兩年新高，建議投資人就算有十足的把握，也不要使用當沖放大槓桿，當沖是存在風險的，例如當天判斷錯誤造成的損失，或是無法沖銷的風險。

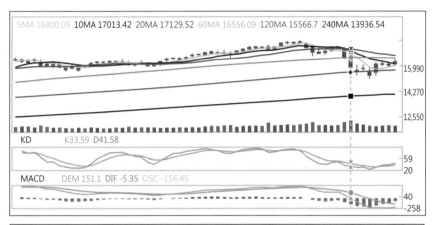

圖 3-6-4 2021/5/12 台股大跌，違約交割金額創 2 年新高

110年05月14日至110年05月22日 證券商申報投資人違約金額		
		單位：元
申報日期	買進、賣出合計總金額	買進、賣出相抵後金額
110/05/14	316,735,432	51,467,372
110/05/17	72,341,100	5,721,800
110/05/18	69,983,323	3,469,423
110/05/19	59,601,878	2,364,298
110/05/20	2,088,960	1,310,440
110/05/21	101,085,716	1,381,436

資料來源：嘉實系統

何謂無法沖銷的風險？

當沖不是只有單純的帳面損失，還可能面臨賣不出去、買不回來的局面。如果你做多，可是股價跌停了，賣不出去；或做空，可是股價漲停了，買不回來，那就有了留倉的風險。

首先可能造成你的交割金額擴大，前面提到當沖槓桿可以很大，意思是你只有 10 萬元本金，卻可以買 100 萬元的股票；但如果當天沒有回補的話，你在「T+2」的交割日，帳戶就必須要有錢去做股票交割，如果沒有補足交割金額，就會被通報違約交割，面臨法律責任，在信用上也會大影響，將來要貸款買房與銀行往來，都會很困難。

　　其次，可能造成無法挽回的損失，該個股可能是連續漲停、連續跌停，導致連續幾天都無法回補，虧損不斷擴大。

當沖是首重「勝率」還是「期望值」？

　　很多人說：「當沖是追求高勝率」，可是筆者認為應該追求期望值，因為做當沖可以追求當日賺到 3％～5％，很多人想說：「我抱股長達一到三個月」，然後去賺 10％～20％的報酬。可是如果你做當沖，當天有機會賺到 3％～5％甚至更高報酬的話，就是一個很好的日波段操作。

如何選股當沖？

　　首先選成交量大的，可以避免產生無法沖銷的風險，只要流動性夠穩定，就不用怕會買不回來、賣不出去。第二，選震幅大的，震幅大表示上漲空間、下跌空間很大，獲利的空間就

比較大。但個股漲跌幅超過 8.5％，就不建議操作，就算成交量再大，也很可能面臨無法沖銷的情形。

在豹投資「價量面」的「當沖比率高」中，系統會自動選出當天當沖比率較高的個股，從高到低依序排行；但要了解當沖率是「當天買賣的張數／當天總成交張數」，必須自行剔除那些交易量小的，降低無法沖銷風險。

圖 3-6-5　豹投資選出當天當沖比率較高的個股

股號	名稱	收盤價	漲跌	漲跌幅(%)	成交量	量增幅(%)	現股當沖率
6219	富旺	23.2	0.15	0.65	4,362	-8.8	87%
4702	中美實	13.65	0.3	2.25	4,685	67.13	86.09%
4560	強信-KY	41.45	0.95	2.35	192	-2.51	84.87%
6124	業強	27.15	0.15	0.56	38	5.56	84.21%
8442	威宏-KY	38.0	-0.7	-1.81	137	140.35	83.94%
4416	三圓	97.7	1.2	1.24	10	9,800.99	80%
3128	昇銳	17.15	0.35	2.08	1,450	-51.12	79.98%
2009	第一銅	60.5	2.3	3.95	89,824	-23.1	77.12%
6531	愛普	603.0	15.0	2.55	5,462	54.08	76.64%
2014	中鴻	46.15	3.15	7.33	304,799	12.38	71.8%

資料來源：豹投資 Pro

在豹投資「市場面」的「市場交易」中，每天顯示當日沖銷損益的排行，看到當天市場上眾多投資人當沖標的損益排

名,選出當沖損益最高的個股,提高勝率。5 月 21 日前五名
都是鋼鐵股跟航運股,剛好都是市場上的主流股。

圖 3-6-6　豹投資選出當天當沖損益最高個股

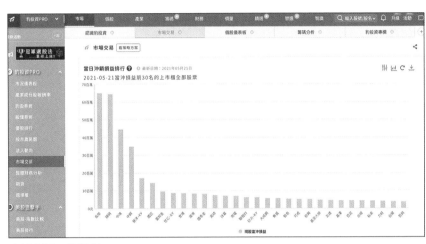

資料來源:豹投資 Pro

內外盤是什麼?

　　當沖因為必須當天進出,除了必須參考技術分析,還要看
「內外盤比」,透過內外盤比可以了解目前是買盤多還是賣盤
多。

　　個股的報價有一個叫委買價,一個叫委賣價,一個叫成交
價,一般操作都是希望可以低買高賣,委買的部分通常都會掛

得比較低，委賣的部分通常都會掛得比較高。最後還有一個成交價格，如果成交價格是以委賣價成交，也就是掛得比較高的價位成交，就叫「外盤成交」。隨著委賣價錢的提高，而且不斷成交的話，代表價格不斷向上攀升。如果是以委買價格成交，以一個比較低的價格成交的話，就叫「內盤成交」，那股價就可能慢慢下跌。

投資人可透過內外盤比重判斷，市面上的看盤軟體，在內外盤的頁面上方，會有個紅綠色的柱狀體，就是當下累積外盤跟內盤的比重。如果紅色的外盤量比較大，代表市場對於這檔個股的買盤意願強；如果綠色的內盤比較大，代表賣壓相對較重，市場願意用比較低的價格賣出。

利用當沖率觀察籌碼狀況

當沖比率＝當沖張數／總成交張數。當沖率大於 30％就算很高，須留意。

爆量通常是異常的開始，當沖爆量也是如此。當沖爆量，股價處在「低基期」，可能是「買入」訊號。當沖爆量，股價處在「高基期」，可能是「賣出」訊號。

例如 2020 年 11 月 16 日，光罩（2338）的當沖比率為
44.72％，當沖張數也來到近期新高，符合所謂的當沖爆量。
光罩當時股價處在低基期，是一個買入的機會，果然在 11 月
16 日之後，股價持續走高。

圖 3-6-7　光罩當沖爆量，股價處在「低基期」，是「買入」訊號

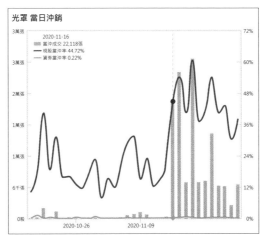

資料來源：豹投資 Pro

下圖以台積電說明，1 月 21 日台積電當沖率來到 30％，當沖的張數也來到近期新高，當沖率超過 30％就該出脫手中持股。當時台積電股價來到新高，當沖率也創近期新高，可能是反轉的訊號，果然在隔天馬上回跌，一路跌到 500 多元。

圖 3-6-8　台積電當沖爆量，股價處在「高基期」，是「賣出」訊號

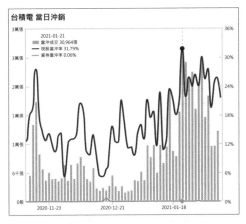

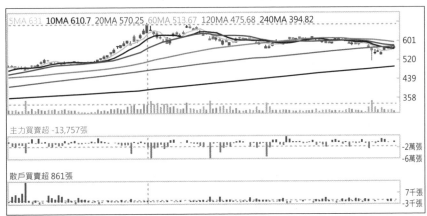

資料來源：豹投資 Pro

總結：

　　當沖比率不只是看出目前市場上有多少人以當沖操作該股，也能以籌碼分析判斷該個股的走勢。上面的兩個例子說明，不管是做多還是做空，當沖比率的分析還是有可信度的，可供投資人參考。

10% 融資與融券對股價的影響

　　融資就是跟券商借錢買股票，是一種信用交易的投資方式。當你認為股價有上漲機會想買進，但資金不足，就可使用融資。目前規定要融資買上市公司的股票，券商只能借你60%（40%為自備款）；買上櫃公司的股票，則券商只能借你50%（50%為自備款）。融券就是跟券商借股票來賣，當投資人看空個股，但手中沒持股，就可以使用融券的方式獲利。

　　一般來說，資金充足的主力大戶偏向使用自有資金，而法人因為政府規定，無法使用融資券，所以市場上使用融資券的

大多是散戶，尤其很多大型股的股價較高，散戶使用融資券會比較明顯。

融資餘額&融券餘額

融資餘額就是融資買進，尚未還清款項的股票張數，融資餘額越多，代表散戶看多。融資的人越多，代表大多數的人看漲，但實際剛好相反，當股價處在高檔，融資餘額過高，因為融資者的錢是借來的，往往有一點獲利就會賣出，形成賣壓。另外，當股價處在高檔，投資者想要靠融資獲利，而這時願意賣股票給你的可能會是誰？沒錯，是主力大戶及法人。當一檔個股的籌碼集中在散戶身上，這檔個股要上漲也很難。

融券餘額則跟融資餘額相反，透過跟券商借股票來賣，且尚未還股票給券商。融券餘額增加，表示散戶看空，當股價持續往下，利用融券放空的散戶沒辦法承受太大風險，只要一獲利，就會趕緊買股票還給券商，這時股價就會有支撐的力道，股價將不再下跌。而從大戶及法人的視角來看，散戶融券回補的個股，有可能會成為主力逢低買進的好標的，這時籌碼又會漸漸地往主力集中，使股價觸底反彈。

以技嘉（2376）為例，2021 年 5 月 10 日，融資突然爆量，增加了 1,708 張，而當時的股價處在高點，且那幾天主力賣超、散戶買超。這樣不但會使股價因為融券增加，有漲不上去的賣壓，甚至會往下跌。

圖 3-7-1　融資爆量、主力賣，技嘉隨後股價大跌

（融資融券日期調整起始日：2021／03／29，結束日：2021／05／11）

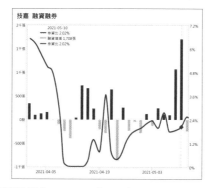

（個股儀表板日期調整為 2020／12／24～2021／05／18）

資料來源：豹投資 Pro

券資比

券資比計算方式是融券餘額／融資餘額×100％。一般來說，券資比大概會落在 10%～20%，因為在台股融券不太容易，必須有 9 成的自備款，代表想使用融券獲利的話，僅有 1.1 倍槓桿，所以比較少人會融券放空。

若一檔個股券資比超過 50%，投資人就必須注意了。券資比上升，意味潛在的重大利空，如果對行情還是持續看多的投資人，就更要小心。當券資比急速上升，代表著想放空的人變多，這些人可能得到來自內部的重大利空消息，想藉此大賺一筆。

以華航（2610）為例，2021 年 3 月底，券資比開始往上升，到了 4 月 19 日，券資比正式超過 50%，4 月 22 日還一度來到 81.91%。券資比超過 50%，而且股價處在高檔，是相當危險的。雖然在 2021 年 4 月 19 日並非是華航的最高點，但離最高點並不遠。股票的特性就是漲得慢、跌得快。假如手中持有華航的投資人在 4 月 19 日賣出，將可以避免 4 月 29 日過後的急速回檔。

圖 3-7-2　華航券資比急速飆升，股價隨即大跌

（融資融券日期調整 起始日：2021／3／29，結束日：2021／5／11）

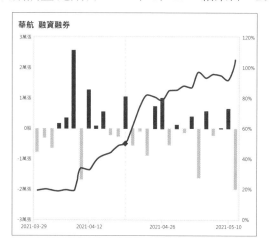

（個股儀表板日期調整 2020／12／29～2021／05／17）

資料來源：豹投資 Pro

借券

借券就是將手中的持股借給別人，藉此來賺利息，是一種活化資產的方式。目前股票出借的方式有兩種，一種是「信託借券」，一種是「雙向借券」。並非所有個股都能信託借券，通常單一證券借券市值須達百萬元，且想使用信託證券借券的話，數量至少要 10 張，條件比較嚴苛。雙向借券相對於信託證券，門檻較低，沒有出借證券市值金額限制，出借數量一張即可。

想出借股票的投資人稱為「出借人」，有借入股票需求的稱為「借券人」，借券人委託券商進行媒合，委託成立後，出借人的股票就會移入借券人的庫存。

借券的優點

通常想出借股票的人，大多是長期投資者，投資人將手中長期持有的個股，借給有需要的人，藉此賺取利息。由於對方最終將會把借給走的股票歸還，因此，如果你是長期持有的投資人，也不用擔心短期內個股上漲。

當投資人看壞股市，就可以借股票來賣，等股價下跌，再把股票買回來還。向別人借股票，除了能套利，甚至可以做避

險及做空等交易，也沒有強制回補的問題。借來的券在還沒賣出之前，即使上漲也不會造成虧損，只是要多付點利息。

　　一般人雖然可以出借股票，但一般人不能當借券人，所以一般提到借券，都是在說一般投資人做為出借人來收利息。目前市場上使用借券的人有外資、券商及自營商，其中外資占比就有八成以上，其主要目的可能是將股票拿去建立空頭部位，也可能拿去避險或套利。

借券利率費用如何計算？

　　出借的最低交易單位為一張，也就是 1,000 股，不接受零股。出借費用率由出借人決定，區間為年利率 0.01％ 至20％。也可由券商代為決定出借費用率。

出借收入＝（出借股數×出借標的於借貸期間的每日收盤價×出借費率×出借天數）／365

　　要留意的是，出借收入並非實際獲得的收入，還要扣除相關手續費，而手續費每個券商不同。

融券與借券差別

融券與借券，同樣是看空股市時，借股票來賣，但在交易上還是有些許不同。

借券費用部分，融券會因為各個券商不同，而有不同利率。相較於融券，借券的出借人可以自訂 0.01％至 20％的借券利率，較為彈性，而券商會從借券收入扣除手續費。

融券只能單方面從券商借股票來賣，而借券除了可以借股票來賣，還能主動借出股票。融券在借到股票後，應立即賣出；而借券人不必馬上賣出，可以借來放著。而在出借人方面，融券不能提前召回股票，而借券的出借人可以提早召回。交易稅及手續費，兩者是一樣的，為 0.3％、0.1425％，所以投資人在考慮融券還是借券時，無須顧慮這一點。

透過借券來看股票訊號

市場上的借券人大多是外資，當外資的借券數量急速上升，加上個股股價處於高檔，那個股的多頭可能已到盡頭。

以大成鋼（2007）為例，2021 年 4 月 23 日，借券金額高達 1.58 億元；除此之外，也可以發現主力一直在出貨，但股

價在區間盤整，並非直接崩跌。到了 2021 年 5 月 7 日，當天的借券金額達 1.76 億元，為近期最高，而爆量的借券金額使得股價無法突破，過沒兩天就開始崩跌了。

圖 3-7-3　大成鋼借券爆量，股價反轉直下

（借券賣出 起始日：2021／03／31，結束日：2021／05／28）

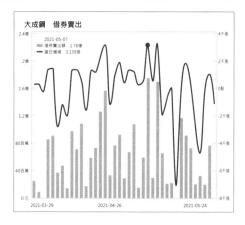

（個股儀表板調整日期：2020／12／18～2021／05／17）

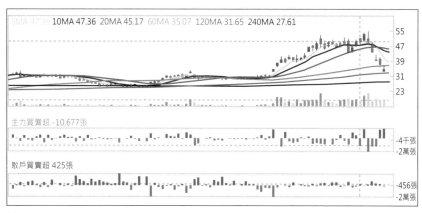

資料來源：豹投資 Pro

PART 4

少走冤枉路的操作心法

投資沒有捷徑，路途肯定艱辛，但可以吸收他人的經驗，記取他人的失敗，將原本蜿蜒的道路截彎取直，讓你提早達到目標。

10% 用系統、數據客觀分析，甩開主觀預測

大部分散戶都會用主觀的想法操作投資策略，喜歡用「預測」的方式做為進場依據，認為股價應該漲到什麼價位，或是跌到什麼價位，就可以進場承接。這些預測很多是來自口耳相

傳的消息，沒有實際的數據佐證，單憑個人的喜好做為進出場依據，簡單來說，就是用「猜的」或是「賭的」。但投資不是賭博，必須找出獲利機率較高的方向投入。

要擺脫個人主觀的預測行為，就要透過數據分析做為輔助，從過去經驗規劃出未來的可能性。由此發展出多套的因應方法，不管是用「技術分析」，觀察過去每根K棒、量能與技術指標的相關性。還是用「基本分析」，從財報整理過去一家公司的營收變化，了解其獲利與發展狀況。或是用「籌碼分析」，追蹤券商分點的買賣資料，從中追查出個股買與賣的對象分別是誰。

以上方法都是數據分析，讓投資人可以科學化、有規律地抽絲剝繭，判斷每一個數據延伸出來的可能性，藉此回顧歷史，掌握現在，展望未來。

投資不怕少賺，就擔心會多賠

除此之外，投資人也常常盲目投資，例如決定要進場買進一檔個股後，就會偏向只找該檔個股會上漲的原因，完全忽略可能下跌的風險因子；加上沒有設定好該有的停損與停利價

位，草率進場後，隨著股價的起起伏伏，牽動心情上上下下。股價上漲時雖有獲利，卻不知何時該獲利了結，賣了怕續漲少賺，不賣又擔心股價拉回，同樣少賺。股價抱上抱下，最後常是紙上富貴一場。

另外，投資人也會出現該停損時無法認賠，而出現怕認賠後出現反彈，但不認賠又害怕賠更多的兩難，最後遲遲未能下手，造成更大且無法挽回的虧損。

如果你常遇到以上的情況，建議善用券商提供的「觸價停損停利功能」，例如長效條件單、智慧單等輔助設定。一旦碰觸到你進場前規畫好的停損停利價位，由電腦自動幫你送出委託單，讓你可以順利依照規劃出場，避開人性的貪念與恐懼。

以下以券商提供的功能舉例說明：

圖4-1-1　群益金鼎證券提供的「觸價停損停利功能」

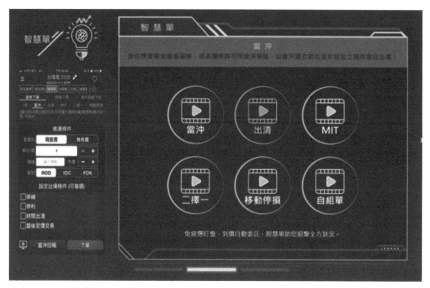

資料來源：群益金鼎證券

圖4-1-2　日盛證券提供的「觸價停損停利功能」

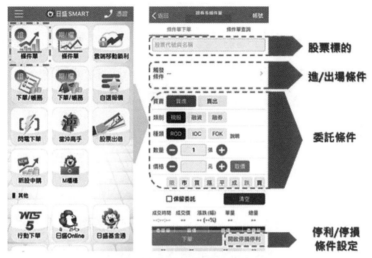

資料來源：日盛證券

10% 打破一張進出的盲點

　　很多投資人偏好分散投資，同時持有許多檔個股，而且因為資金有限，每一檔都持有一張，以為可以降低風險，又能把握機會。但以筆者長期的投資經驗看來，只持股一張，才是錯失機會與擴大損失的主因。

　　為什麼是錯失機會與擴大損失的原因呢？因為就人性來說，一張無法做到徹底停損停利的紀律，假設當一檔個股達到原訂10%報酬時，當下你是否能做到獲利出場，還是會擔心賣出後續漲而少賺？如果你難以抉擇而沒有動作，運氣好的話股價續漲，獲利增加；但運氣不好的話，股價開始下跌，你就會產生獲利10%都沒有賣了，現在少賺更不可能出場的想法，要等股價再漲才想出場。但後面股價就可能一路下跌，當初的10%獲利就成為紙上富貴了，只因為你一開始的貪心，與後來的不甘心，使得原本可以掌握到的獲利流失了。

　　但如果投資人一次進場最少買進兩張的話，當股價達到目標報酬率時，可以先出場一張獲利入袋（分批出場），剩下一

張進可攻，退可守。如果股價開始下跌，此時你會比較有意願再賣出剩下的一張持股。因為你已經有部分股票獲利了結，此時就比較不會有不甘心的心態。

反之，若股價下跌來到停損價位，你同樣會陷入是否要賣掉股票的困境，擔心一旦認賠賣出，股價就出現反彈。當你因為猶豫而破壞紀律持續持有，通常股價就會越跌越深；而每當股價再下跌，就更不願意認賠出場，因為你認為跌深會反彈，但就是遲遲看不到反彈的跡象，而越賠越多。

若是你一次進場最少買進兩張的話，當股價來到停損價位，可以先將一張認賠出場（分批出場），剩下一張隨時可以調整。如果股價繼續下跌，你會比較甘心再將剩下的持股拋出，因為相對於現在，先前賣出的股票已經少賠。而一旦股價反彈再次站回支撐之上，或是再次出現進場機會時，由於手上還有現金，會比較有信心與勇氣再次進場，而不會眼睜睜錯過下一波的起漲機會。

為了降低人性影響，而錯失機會或是擴大虧損，進場買股票不要只買一張，而是最少兩張，讓自己隨時有調整部位、分

批進出的機會，才能有效地執行該有的紀律，讓自己保持賺大賠小、持盈保泰的狀況。

投資靠人人跑、靠山山倒，靠自己最好

大部分投資人都希望透過投資達到財富自由，但又有多少人真的達到財富自由呢？畢竟投資不是一門穩賺不賠的生意，投資是有風險的，所以面對投資的心態應該如同面對工作，你願意每天花8小時上班、一周上班五天，賺取一個月的薪資，隨著薪資提高，工作壓力與內容也隨之增加。面對投資，你又願意每天花費多少時間？追求多少報酬呢？

許多投資人誤把投資當成快速致富的捷徑，殊不知這是一條極為漫長的道路，每天只花一點時間閱讀報章媒體、投顧老師，甚至網路投資達人快速整理出來的資料，以極少的資料就做出重大的決定。財富是你自己的，損益也應該自己負責，唯有學會如何判斷資訊與規劃進出點位，有朝一日才能達到屬於自己的財富自由。

Note

台灣廣廈 國際出版集團
Taiwan Mansion International Group

國家圖書館出版品預行編目（CIP）資料

周賺10%的三明治投資法：掌握主力動向，買股有人替你撐 /
謝銘龍（彼得龍）、豹投資 著，
-- 初版. -- 新北市：財經傳訊, 2022.04
　面；　公分. --（view;50）
ISBN 9789869876872（平裝）
1.投票投資 2.投資技術 3.投資分析

563.53　　　　　　　　　　　　　　　　109005943

財經傳訊
TIME & MONEY

周賺10%的三明治投資法：
掌握主力動向，買股有人替你撐

作　　　者／謝銘龍（彼得龍）、	編輯中心／第五編輯室
豹投資	編 輯 長／方宗廉
	封面設計／張天薪
	製版・印刷・裝訂／東豪・弼聖・秉成

行企研發中心總監／陳冠蒨　　　　　　線上學習中心總監／陳冠蒨
媒體公關組／陳柔彣・綜合業務組／何欣穎　　產品企劃組／黃雅鈴

發 行 人／江媛珍
法 律 顧 問／第一國際法律事務所 余淑杏律師・北辰著作權事務所 蕭雄淋律師
出　　　版／台灣廣廈有聲圖書有限公司
　　　　　　地址：新北市 235 中和區中山路二段 359 巷 7 號 2 樓
　　　　　　電話：（886）2-2225-5777・傳真：（886）2-2225-8052

代理印務・全球總經銷／知遠文化事業有限公司
　　　　　　地址：新北市 222 深坑區北深路三段 155 巷 25 號 5 樓
　　　　　　電話：（886）2-2664-8800・傳真：（886）2-2664-8801
郵 政 劃 撥／劃撥帳號：18836722
　　　　　　劃撥戶名：知遠文化事業有限公司（※ 單次購書金額未達 500 元，請另付 60 元郵資。）

■ 出版日期：2022 年 3 月
ISBN：9789869876872